Kai Langhans

Kai Langhans

Willy Brandt und die bildende Kunst

Inhalt

7 **Vorwort**

9 **Willy Brandt und die Kunst**

16 **Willy Brandt – Eine Lebensskizze**

26 **Die Kanzlergalerie**

33 **Moderne contra Tradition**
    33 Der Fall Georg Meistermann
    35 »Farbige Notizen zu einer Biographie«
    40 Das Bild als Psychogramm
    45 Der Traditionalist Oswald Petersen
    47 Der Bildertausch

51 **Der künstlerische Konsens**
    51 Die Galerie der Ehrenbürger von Berlin
    52 Manfred Bluth – Vertreter der Neuen Sachlichkeit

55 **Porträts der Avantgarde**
    55 Andy Warhol – Pop Art meets politics
    56 »Willy Brandt mit Zigarette«
    61 L.M. Wintersberger – Subjektivität und Verfremdung
    62 Die »scheinbare Wirklichkeit« bei C.O. Paeffgen
    63 Otto Herbert Hajek – Zeichen für Menschen
    66 Die »Kosmosinterpretation« von
           Ernst Günter Hansing

- 67 José Garcia Y Más – die surreale Deutung
- 69 Der Bildhauer Gerhard Marcks
- 71 A. Paul Weber – »Nußknacker der Nation«

73 Über den Tod hinaus – posthume Darstellungen Willy Brandts

- 73 Rainer Fetting – Hommage an die Verletzlichkeit
- 77 Wieland Förster und Johannes Heisig – Hoffnung auf eine andere Zeit

82 Willy Brandt und die Laienkunst

85 Anhang

- 85 Anmerkungen
- 94 Literaturverzeichnis
- 103 Dank

105 Katalog

- 105 Szenen im Atelier
- 113 Bildteil
- 151 Zwei Interviews mit Wieland Förster und Johannes Heisig
- 161 Dokumente
- 103 Quellen

Vorwort

Kai Langhans muß ein glücklicher Student gewesen sein. Wer kann schon seine Neigung mit Nebenerwerb und Magisterarbeit in Einklang bringen? Wer kann Kunstgeschichte studieren und sich damit in einem zeitgeschichtlichen Archiv nützlich machen?

Das Willy-Brandt-Archiv, wohin ein guter Geist ihn geführt hatte, brauchte sein kundiges Händchen. Neben aller gestalterischen Arbeit, zumal in Ausstellungen zu Leben und Wirken Willy Brandts, galt es, Ordnung zu bringen in die Menge der Darstellungen. Die Phantasie der Leute hat Willy Brandt in mehr als einer Hinsicht angeregt! So viele Versuche und so wenig Übersicht. Die zu erstellen und daraus die fällige Magisterarbeit zu machen, war die Idee. Weil's eine Königsidee war, hat sich die Studie in ein richtiges Buch verwandelt. Dem kann nun entnommen werden, was es auf sich hat mit Willy Brandt und der Kunst. Oder sollte man korrekter Weise sagen: mit der Kunst und Willy Brandt?

Kai Langhans ist Kunsthistoriker. Sein Thema ist nicht der Zugang Willy Brandts zur Kunst. Er will auch nicht der Frage nachgehen, warum und auf Grund welcher Wesensart Willy Brandt Neugier und Sympathie von Künstlern, übrigens auch von Laienkünstlern, auf sich gezogen hat wie kein deutscher Staatsmann sonst. Ein »Verhältnis« zur Kunst hatte er ja gerade nicht. Es gab überhaupt nur ein Bild, das er mochte und dessen Platz in seinem Haus er selbst bestimmte: Marc Chagalls »Bettlerin mit Sack« aus dem Jahr 1914. Breschnew hatte es nach Unterzeichnung des deutsch-sowjetischen Vertrages 1970 aus den Kellern der Eremitage holen und ihm zukommen lassen; nach dem Tod Willy Brandts ist es in den unergründlichen Besitz der Bundesrepublik Deutschland übergegangen.

Willy Brandt war ein homo politicus alter Schule. Seine Kunst war die Politik, sie nahm ihn gefangen, rund um die Uhr und ohne die Möglichkeit, jemals Abstand zu gewinnen und sich anderem zuzuwenden. Auch insoweit ist die Äußerung Wieland Försters, dass Willy Brandt »eigentlich nicht in die Politik gehörte«, unsinnig. Aber Künstler sind immer schlechte Interpreten eigener Werke, und auch Försters Stele im Berliner Haus der Friedrich-Ebert-Stiftung soll nicht nur an den Weisheiten gemessen werden, die Kai Langhans dem Bildhauer entlockt hat.

Willy Brandts Art, Politik zu machen, war die Art eines Künstlers. Die schöpferische Kraft, die in ihm steckte, die versiegte und dann doch immer wieder hervorbrach, suchte er auch bei anderen Menschen. Er hatte einen eigenen Sinn für das Schöpferische. Zumal dort, wo sich Kunst und Politik berührten – in Christos Verhüllung des Reichstags. Es war keine Laune, dass er das Vorhaben sofort grandios fand und es nach Kräften befördern half. Die Künstler spürten dankbar jenes innere Einvernehmen. Wer dabei gewesen, schwärmt noch heute von der Begegnung zwischen Max Ernst und Willy Brandt; der Bundeskanzler hatte dem Künstler anlässlich des achtzigsten Geburtstags ein Essen gegeben. Dieses Einvernehmen war und bleibt der Grund dafür, daß Willy Brandt die unvergleichliche Aufmerksamkeit der Kunst gefunden hat. Der Reichtum der Persönlichkeit, in die jeder hineinlegen kann, was er hineinlegen möchte, hat ein übriges getan, Willy Brandt zu einem so begehrten Objekt zu machen.

Thema des Buches ist die malerische und bildhauerische Sichtweise auf Willy Brandt. Zwischen viel Konventionellem blitzt Provokantes auf, und das macht den Reiz der Arbeit aus. Nur wenn das Kunstwerk ein Rätsel bleibt und nicht aufgeht in Erklärungen und Lösungen, verdient es den Namen. Förster und Heisig junior, Fettig und früher Meistermann haben ihre eigene Vorstellung von Willy Brandt gemalt oder in Stein gehauen. Andy Warhol, der auch seine Goethes, Einsteins und Monroes nicht zu deuten pflegte, ist es gelungen, die vielen und vielen verschiedenen Seiten Willy Brandts einzufangen und gerade deshalb richtig schöne Bilder zu schaffen. Sie sagen mehr über Willy Brandt aus als manche Biographien.

Dr. Brigitte Seebacher-Brandt

1 Willy Brandt und die Kunst

»Das Politische hat ihn völlig eingenommen. Zeit, sich mit Kunst auseinanderzusetzen, blieb da wenig. Menschen, die ›große‹ Politik machen, haben grundsätzlich keinen Raum für Kunst. Das eine schließt das andere aus.«[1]

Gewiß hätte Willy Brandt, dessen Todestag sich am 8. Oktober 2002 zum zehnten Mal jährt, dieser Einschätzung seiner Ehefrau Brigitte Seebacher-Brandt zugestimmt, denn obwohl er zu den am häufigsten porträtierten Staatsmännern der Bundesrepublik zählt, kam der bildenden Kunst in seinem Leben doch nur eine Nebenrolle zu. Brandts Augenmerk und Engagement richteten sich stets mehr auf die Kulturpolitik als auf den einzelnen Künstler. Dennoch – oder gerade deswegen – ging etwas Besonderes von diesem Mann aus, er faszinierte Maler und Bildhauer in einzigartiger Weise, war eines ihrer begehrtesten Modelle. Das Willy-Brandt-Archiv im Archiv der sozialen Demokratie der Friedrich-Ebert-Stiftung beherbergt den größten personenbezogenen Nachlaß der deutschen Sozialdemokratie, 400 laufende Meter Akten und 30 Meter Fotomaterialien, außerdem eine Fülle von Gemälden, Plastiken und Grafiken namhafter Künstler, die sich mit Willy Brandt auseinandergesetzt haben, Gedenkmünzen, Geldstücken, Telefonkarten und Sonderwertzeichen, die sein Konterfei tragen, sowie Laienporträts, die Brandt in großer Zahl aus der Bevölkerung verehrt wurden. Sie sind Ausdruck der Bewunderung, die ihm als Mensch und Politiker zuteil wurde. Umfangreiche Briefwechsel, die Willy Brandt mit Max Ernst, Otto Herbert Hajek, Oswald Petersen, Georg Meistermann, Karl Schmidt-Rottluff oder Andy Warhol geführt hat, belegen, wie wichtig ihm der persönliche Kontakt zu zeitgenössischen bildenden Künstlern war. Denn Kunst, Musik und Literatur stellten für ihn gesellschaftliche und geistige Indikatoren dar, die es einem Politiker erlaubten, den Puls der Zeit an anderen als den gewohnten Stellen zu fühlen. Das gab er selbst freimütig zu: »Sie [die Künstler] konfrontieren uns mit Aussagen und Formen, die, so verwirrend sie auch im einzelnen sein mögen, den Geist der Zeit widerspiegeln, in der wir leben. Das ist wichtig; denn bei der ständigen Beschäftigung mit den sogenannten harten Tatsachen geraten wir [die Politiker] häufig in die Gefahr, die Beziehungen zu den geistigen Realitäten zu verlieren. Unser politisches Denken und Handeln ist dann nicht mehr auf die Gegenwart, geschweige denn die Zukunft bezogen, sondern im Grunde auf bereits Vergangenes.«² Brandt wollte, daß »Geist und Macht, Politik und Kunst« sich ebenbürtig miteinander verbinden.³

Anhand von Archivmaterialien sowie Interviews mit Künstlern und Zeitzeugen soll hier versucht werden, dem Phänomen »Willy Brandt als Objekt der bildenden Kunst« auf den Grund zu gehen. Dabei wurden in erster Linie solche Porträts ausgewählt, die den *homo politicus* zeigen und seine politische Karriere begleiteten. Die verschiedenen Künstler, die hier besprochen werden, haben mit ihren Werken Position zu Willy Brandt bezogen – nicht nur zu dem bedeutenden Staatsmann. An ihnen manifestiert sich die ganze Bandbreite seiner Persönlichkeit und seines Charakters als Emigrant, Sozialist, Demokrat, Journalist, Friedensstifter und Elder Statesman, als Realist und Visionär, als Skeptiker und Optimist. Daß eben diese Qualität einer Charakter- und Zeitstudie, welche Verbindungen zu Leben und Politik des Porträtierten herstellt, ein gelungenes Kunstwerk auszeichnet, daran erinnerte Heinrich Böll, als er über das zweite Willy-Brandt-Porträt von Georg Meistermann schrieb: »Der malende Zeitgenosse Meistermann ist da mit einem Ehrgeiz und einer Ausdauer am Werk gewesen, die ›etwas sichtbar‹ macht, was wir vielleicht erst spät begreifen werden. Dieses ganz und gar ›entartete‹ Porträt wird uns mehr beschäftigen als mancher nicht entartete Prachtschinken von Porträt zeitgenössischer Künstler.«⁴

Brandts wichtigstes und frühestes Bekenntnis zu einem modernen Politikerporträt ist die Wahl des abstrakten Künstlers Georg Meistermann. Die beiden kurz nacheinander entstandenen Bilder, die Meistermann von Brandt gemalt hat, sind offizielle Porträts, die mit ihrer künstlerischen Sprache zum ersten Mal die lange Reihe konservativer Kanzlerdarstellungen in Deutschland nach 1945 durchbrechen. Über diese Bilder entbrannte alsbald ein heftiger Streit in bezug auf die Form und die Funktion, die einem solchen Politikerporträt zuständen. Er gipfelte darin, daß Meistermanns zweites Bild aus der Galerie im Bundeskanzleramt entfernt und durch ein traditionelles ersetzt wurde – ein Vorgang, der auf exemplarische Weise dokumentiert, wie konservativ die Auffassungen über das Verhältnis von Kunst und Politik selbst im Nachkriegsdeutschland der achtziger Jahre noch immer waren. Brandt hat sich in dem ersten Porträt von Meistermann wiedergesehen, glaubte zu wissen, worum es dem Künstler ging. Dennoch hat er den Forderungen des Kanzleramts schließlich nachgegeben. »Geirrt habe ich mich hinsichtlich der Fähigkeit oder Bereitschaft derer, die an dieser kleinen Galerie vorbeigehen, sich mit einem Bild zu beschäftigen, das sich nicht auf den ersten Blick erschließt.«⁵ Meistermanns Deutungsbilder wurden zu einem Politikum. Doch setzte der hierbei entstandene Bruch mit der

Tradition sich in jener oben begonnenen Reihe avantgardistischer Porträts fort.

Das politische Porträt hat in Deutschland eine lange Tradition. Sie beginnt bei frühen Herrscherbildnissen und reicht bis in die Kanzlergalerie des Bundeskanzleramtes oder die Porträtsammlung der Ehrenbürger von Berlin im dortigen Abgeordnetenhaus. Dabei fällt auf, daß diese spezielle Art politischer Dokumentation ihre Form über alle Zeiten und gesellschaftliche Veränderungen hinweg kaum oder gar nicht verändert hat. Die meisten Politikerporträts der Weimarer Republik wie auch der Bundesrepublik sind nach wie vor realistisch-konventionelle, in Öl gebannte Abbilder einer bedeutenden Persönlichkeit. Neben einer ersten Einordnung des Politikerporträts in Deutschland nach 1945 am Beispiel der Kanzlergalerie im Bundeskanzleramt sowie der Porträtsammlung der Ehrenbürger von Berlin im Berliner Abgeordnetenhaus soll versucht werden, anhand verschiedener Brandt-Darstellungen den Eigentümlichkeiten dieser populären Kunstgattung nachzuspüren. Fast alle ausgewählten Werke zeigen Brandt in einer wichtigen Lebensphase und binden ihn in sein zeitgeschichtliches Umfeld ein. Die Genese des Bildes, das Modellsitzen, Reibungspunkte zwischen Brandt und den Malern sowie die Art und Weise, wie beide Seiten miteinander umgingen, werden eingehend beleuchtet.

Zu den modernen Willy-Brandt-Porträts zählen neben den Arbeiten Meistermanns auch die Werke von Andy Warhol und Lambert Maria Wintersberger. Warhol stellte Brandt in die Reihe seiner »Massenprodukte«, Wintersberger setzte dem Porträtierten eine Maske auf, um ihm so das Individuelle seiner Person zu nehmen. Als Vertreter der modernen Mediengesellschaft lehnten beide die traditionelle Sprache der Malerei ab. C.O. Paeffgen, José García Y Más und Andreas Paul Weber machten in ihren Brandt-Porträts die Demokratie zum Thema. Sie überzeichneten und verfremdeten Brandt, um auf Probleme und neue gesellschaftliche Möglichkeiten aufmerksam zu machen. García Y Más bildete Brandt in seinen surrealen Bildern als Wegbereiter, als großen Vermittler des geteilten Deutschland ab. Der Satiriker Andreas Paul Weber hingegen zeichnete in seiner kritischen Darstellung einen Kanzler, der zielbewußt die angekündigten Reformen einleiten will. Sie alle gingen über das bloße Abbild hinaus und stellten Brandt als empfindsamen und zugleich starken, in die Zukunft blickenden Menschen dar, wie es besonders in der Skulptur von Rainer Fetting zum Ausdruck kam. Doch auch rein auf Repräsentativität hin angelegte, »akademische« Darstellungen, wie sie von der Hand Oswald Petersens und Manfred Bluths existieren, dürfen nicht ganz außer Acht gelassen werden – obschon Brandt sich mit ihnen nicht identifizieren konnte. Er blieb auf Distanz und äußerte sich zu den Resultaten kaum. »Mein Mann verhielt sich immer loyal zu der Kunst und den Künstlern, er hätte aus seinem Grundverständnis heraus niemals eine künstlerische Wertung ausgesprochen.«[6]

Dennoch war Brandts Verhältnis zur Kunst und zu den Künstlern von aufrichtiger Wertschätzung geprägt. In zahlreichen Glückwunschschreiben und Danksagungen wie beispielsweise an Karl Schmidt-Rottluff, Oskar Kokoschka, Max Ernst und Marc Chagall wurde sein Interesse für die »unaussprechlichen Dinge«[7] und seine Hochachtung für die Arbeit der Künstler deutlich. In einem Schreiben an Marc Chagall zu dessen 90. Geburtstag hob Brandt hervor: »Ihr Werk nimmt in der Kunst der Gegenwart einen ganz besonderen Platz ein« und betonte, daß die »subtile Mystik einer nur scheinbaren heilen Welt« in seinen Werken auf ihn einen starken Zauber ausübte.[8] (▶ Dok. S. 162) »Die Glückwunschschreiben«, so Brigitte Seebacher-Brandt, »waren ihm ein Anliegen. Mein Mann wollte den Künstlern und Schriftstellern für die kulturelle Arbeit danken.« Für diesen aufrichtigen Dank fand Brandt in seiner Rede anläßlich des Todes von Max Ernst treffende Worte: »Meine Bewunderung für sein künstlerisches Werk wird ergänzt durch Dankbarkeit für sein menschliches und freiheitliches Engagement. Die Begegnungen mit Max Ernst bleiben mir unvergessen. Sein Werk wird auch in Deutschland einen bleibenden Platz haben.« Und Dorothea Ernst antwortete: »Er bewunderte Sie völlig.«[9] Auch Otto Herbert Hajek, Marc Chagall, Schmidt-Rottluff, Horst Jansen und Günter Grass waren Brandt zugetan. In seiner privaten Bibliothek finden sich zahlreiche Kunstbände, Ausstellungskataloge und Veröffentlichungen von Janssen (▶ Dok. S. 163), HAP Grieshaber[10] oder Grass[11] (▶ Dok. S. 164), denen sehr persönliche Widmungen und kleine Zeichnungen beigefügt sind.

Der Befund, daß Willy Brandts Engagement für die Kunst vor allem politischen Zielen diente, durchzieht den gesamten vorliegenden Band. In einer Eröffnungsrede zur Jahresausstellung des Deutschen Künstlerbundes 1970 sprach sich Brandt für eine stärkere Förderung der Kunst durch den Staat aus: »Es geht mir dabei, das möchte ich betonen, nicht um Mäzenentum des Staates, sondern darum, die zeitgenössische Kunst und ihre Inhalte bewußter in das politische Leben einzubeziehen.«[12] Noch im selben Jahr stellte der Kanzler Fördermittel für eine Bundeskunstsammlung bereit, was vor ihm noch kein deutscher Regierungschef getan hatte. Neu war auch, daß er zahlreiche Künstler und Intellektuelle zu seinen Gartenfesten einlud. Otto Herbert Hajek berichtet: »Brandt umgab sich gerne mit schöpferischen Kräften. Oft trafen wir uns Anfang der siebziger Jahre in einer Runde mit Günter Grass, Heinrich Böll, Thaddäus Troll, Hartmut Jäckel, um nur einige zu nennen. Brandt, dem diese Treffen sehr viel Freude bereiteten, ließ sich von uns über gesellschaftliche Fragen berichten. Ihm war es wichtig, aus anderen, nicht politischen Bereichen viel zu erfahren. Ich klärte Brandt über neue Kunstströmungen auf und veranschaulichte ihm meine Werke und deren Aussagen«.[13] Durch sein Engagement und sein Flair, das er ausstrahlte, so Hajek weiter, habe die Kunst einen neuen Stand bekommen. »Die Künstler nahmen stärker in ihren Arbeiten an der Kulturpolitik teil.«[14]

Es war nicht zuletzt dieses Engagement der deutschen Künstler, das Willy Brandt fördern wollte, als er sich für die Gründung der Bundeskunstsammlung ausgesprochen hatte. Als er 1976 zum Präsidenten der Sozialistischen Internationale gewählt wurde, erkannte Brandt auch, welche weitergehenden politischen Wirkungsmöglichkeiten diese staatliche Kultureinrichtung bieten könnte, und zwar die Entwicklungsaufgaben der Industrienationen in der Dritten Welt zu unterstützen: »Wie Sie wissen«, sagte er 1978, »zähle ich die Nord-Süd-Problematik zu den drängendsten Fragen unseres Jahrhunderts.« Viele Einzelprobleme der armen Länder seien für den, der helfen und neue Formen der Zusammenarbeit entwickeln wolle, nur verständlich, wenn er die nationalen, ethnischen, historischen und kulturellen Eigenarten der Partner kenne. Deshalb versuchte Brandt, den Dritte-Welt-Ländern in der Bundeskunstsammlung ein Forum zu verschaffen. Willy Brandt sprach sich für eine Annäherung der Kulturen aus und sah die Kunst dabei als Mittlerin zwischen Arm und Reich.

Neue Wege der Kunst hielt er für wichtig und sah in ihnen eine Bereicherung der Gesellschaft, wie Brandts Einsatz für die Idee des Verpackungskünstlers Christo Javacheff[15], den Reichstag zu verhüllen, eindrücklich beweist. Die wohlwollende Förderung, welche er diesem Projekt zuteil werden ließ, soll hier ein abschließendes Beispiel für den Umgang dieses großen SPD-Politikers mit der zeitgenössischen Kunst geben.

Nach jahrelangen Bemühungen Christos und mehrfachen Ablehnungen seines Projektes durch die Bundespräsidenten, war es unter anderem Willy Brandt zu verdanken, daß der überwiegende Teil der SPD, zahlreiche Berliner und wichtige Persönlichkeiten des öffentlichen Lebens im entscheidenden Moment des Winters 1993/94 für das außergewöhnliche Unternehmen Partei ergriffen. 23 Jahre lang war auf allen Ebenen der Politik energisch diskutiert worden. Hartnäckig hielten Christos Team und seine Befürworter die Verhüllungsidee lebendig und legten sie den Entscheidungsträgern in Deutschland immer wieder vor. Es war für Bonn und Berlin die erste große Auseinandersetzung nach 1945, in der Kunst und Politik aufeinandertrafen. Endlich, am 25. Februar 1994, rang sich der Deutsche Bundestag doch noch zu dem Entschluß durch, das Reichstagsgebäude von Christo verhüllen zu lassen. Willy Brandt sah in dem Projekt eine kritische Auseinandersetzung mit der deutschen Geschichte. Bereits 1963 hatte er gesagt: »Das ehrwürdige

■ Abbildung 1
Willy Brandt und Christo im Atelier des Künstlers, New York, 4. Oktober 1981

Gebäude auf diesem Platz darf kein Symbol für gesamtdeutsche Schlafmützigkeit werden.«[16] Anfang Juni 1977 nahm Willy Brandt, nachdem Bundestagspräsident Karl Carstens seine Ablehnung des Christo-Projekts bekannt gegeben hatte, erneut öffentlich Stellung: »Ich habe Verständnis für die Sorge des Bundestagspräsidenten. Dennoch halte ich – anders als Herr Professor Carstens – eine Kontroverse um das Christo-Projekt nicht unbedingt für abträglich für den Symbolwert des Reichstages. Im Gegenteil: Eine solche Diskussion würde – wenn man sie sachlich und gut vorbereitet führt – hilfreich sein, uns den Symbolwert dieses Gebäudes zu vergegenwärtigen. Das Gebäude des Deutschen Reichstages ist nicht zu trennen von Höhepunkten der deutschen Geschichte, es ist aber auch mit Vorgängen verbunden, die uns belasten. Ich halte es für gefährlich, einer Diskussion um diesen Teil unserer Geschichte auszuweichen: Wir können unserer Geschichte nicht davonlaufen, wir können aber deutlich machen, dass wir aus Fehlern unserer Vergangenheit gelernt haben«.[17] Willy Brandt sah in dem Kunstvorhaben Christos eine Möglichkeit, deutsche Geschichte aufzuarbeiten. Seine Argumentation basierte auf der historischen Bedeutung des Reichstages. Die »künstlerische Aussage, die andere besser beschreiben können«[18], ließ er außen vor. Als SPD-Vorsitzender hatte Brandt häufig an Christo und seine Frau geschrieben, besuchte sie 1977 in ihrem New Yorker Atelier und trug durch sein Engagement viel zur Verständigung von Kunst, Kultur und Politik bei.[19] (■ Abb. 1, 2) (▶ Dok. S. 165, 166)

Es ging ihm dabei nicht primär um die Kunst: »Man kann – und damit tue ich Christo keinen Abbruch – auch in anderer Weise als

■ Abbildung 2
Willy Brandt und Christo im Atelier des Künstlers,
New York, 4. Oktober 1981

durch die Verhüllung des Reichstages die Problematik Berlins, seiner Geschichte, seiner Bindung und seiner Rolle in unserem Staat diskutieren.«[20] Der Stellenwert, den dieses Projekt für die Gesellschaft und deren historisches Bewußtsein einnehmen könnte, war nach Willy Brandts Ansicht ähnlich hoch wie ein Mahn- oder Denkmal zur deutschen Vergangenheit – darin sah er den eigentlichen Anlaß, die Verhüllung des Reichstags zu unterstützen.

Ihm war die Auseinandersetzung eines Künstlers mit der deutschen Geschichte und Gesellschaft, wie Christo sie führte, wichtiger als jedes gemalte Porträt. Daß Willy Brandt sich mit künstlerischen Urteilen stets zurückhielt, zeigt indes, daß er auch im Umgang mit der Kunst ein Demokrat war vom Scheitel bis zur Sohle.

2 Willy Brandt – Eine Lebensskizze

»Wir wollen ein Volk der guten Nachbarn werden im Innern und nach außen.« (Willy Brandt)[21]

■ Abbildung 3
Willy Brandt im Matrosenanzug bei der Einschulung, ca. 1920

Als Willy Brandt am 18. Dezember 1913 als Herbert Ernst Karl Frahm in Lübeck zur Welt kommt, stand der Ausbruch des Ersten Weltkrieges, der die deutsche Monarchie in ihren selbstverschuldeten Untergang führen sollte, wenige Monate bevor. Die Republik von Weimar, die dem militärischen und moralischen Bankrott des Kaiserreichs folgte, beruhte auf einem gesellschaftspolitischen Kompromiß zwischen Arbeiterschaft und Bürgertum. Jetzt endlich erhielt die Arbeiterklasse, der Willy Brandt entstammte, worum sie jahrzehntelang hatte erbittert kämpfen müssen: den Vollbesitz aller politischen Rechte.

Brandts Mutter Martha war Verkäuferin in einem Konsumverein. Sein Großvater Ludwig Frahm, Kraftfahrer beim Lübecker Drägerwerk und ein engagierter Sozialdemokrat, ersetzte ihm nicht nur den leiblichen Vater, er war zugleich der wichtigste Bezugspunkt im Leben des Kindes und Jugendlichen. (■ Abb. 3) Im Lübecker Arbeitermilieu, mit seinen vielfältigen sozialen und bildungsorientierten Vereinen, begann Brandt schon früh, sich politisch zu engagieren. Sein Abitur legte er am Lübecker Johanneum, einem modernen Realgymnasium, ab. Damals warnte ein Lehrer seine Mutter davor, daß die Politik ihrem Sohn nicht gut tue. Doch Julius Leber, der charismatische Chefredakteur des »Lübecker Volksboten« und wohl einflußreichste Sozialdemokrat der Stadt, hatte Brandt bereits unter seine Fittiche genommen, ließ ihn kleine Artikel über die Roten Falken oder Kinderferienlager in Skandinavien für den Volksboten schreiben. Leber, der Brandts politisches Talent erkannt hatte und für ihn eine Art Vaterfigur darstellte, befürwortete auch, daß der junge Mann mit 17 Jahren in die SPD aufgenommen wurde, ein Jahr früher, als es nach dem Parteistatut normalerweise möglich war. (■ Abb. 4)

Doch es kam bald zum Bruch mit der SPD. Brandts jugendlichem Ungestüm war die Haltung der sozialdemokratischen Führung gegenüber Rechtsnationalen und Nationalsozialisten nicht entschlossen genug. An die Seite der theoretischen Auseinandersetzung wollte er die tatkräftige Aktion gestellt sehen. Weil er die Sozialdemokratie für zu gemäßigt hielt, schloß er sich der neugegründeten Sozialistischen Arbeiterpartei (SAP) an und veranlaßte einen großen Teil der Lübecker

SPD-Jugendorganisation, in welcher er unbestritten den Ton angab, zum Übertritt. Hiermit jedoch war das Verhältnis zu Leber, der ihm den Abfall von der SPD niemals verzeihen sollte, für immer zerrüttet. Diese winzige politische Sekte namens SAP, überwiegend aus jüngeren Sozialisten und Intellektuellen bestehend, grenzte sich von der SPD ebenso ab wie von der KPD. Ihr Ziel war, die Einheit der Arbeiterbewegung im Kampf gegen den Nationalsozialismus zu erreichen – was man angesichts von wenigen tausend Stimmen, die die SAP bei den Reichstagswahlen 1932 zu erringen vermochte, rückblickend nur als verblendet bezeichnen kann.

Auch wenn Brandts Entscheidung für die SAP ihm später vom politischen Gegner immer wieder den infamen Vorwurf einhandelte, den Kommunisten nahezustehen, war sie für seinen späteren Lebensweg nicht von Nachteil. 1933, kurz nach der nationalsozialistischen Machtübernahme, nahm der junge Lübecker Herbert Ernst Karl Frahm auf einer geheimen SAP-Konferenz in der Nähe Dresdens den Decknamen Willy Brandt an, unter dem die Welt ihn heute kennt. Paul Frölich, ein hoher SAP-Funktionär, war bestimmt, im Auftrag der Partei nach Oslo zu gehen und dort einen Auslandsstützpunkt der SAP aufzubauen. Kurz vor der Abfahrt jedoch wurde Frölich verhaftet, woraufhin sich die Parteileitung entschloß, statt seiner den relativ unbekannten Willy Brandt über die Ostsee zu entsenden. Durch diesen Zufall entkam Brandt der Gestapo, die Herbert Frahm bereits als sozialistischen Agitator suchte.[22]

Gerade einmal 19 Jahre alt war Willy Brandt also, als er ins norwegische Exil ging. Das lübsche Platt liegt dem Norwegischen zwar näher als das Hochdeutsche, doch ohne seine enorme Begabung hätte er die Sprache seines Gastlandes wohl kaum innerhalb weniger Monate bis zur Perfektion erlernt; was ihm wiederum ermöglichte, rascher Fuß zu fassen als viele andere politische Flüchtlinge. (■ Abb. 5) Auch durch die ideologische Nähe der SAP zu linken Kreisen der Norwegischen Arbeiterpartei fühlte Brandt sich in der dortigen Arbeiterbewegung bald heimisch. Um seinen Aufenthalt fremdenpolizeilich abzusichern, schrieb er sich als Student an der Universität von Oslo ein und machte dort sogar ein Zwischenexamen. Sein eigentliches Interesse aber galt weiterhin der Politik, mit der sich Brandt als Emigrant offiziell gar nicht beschäftigen durfte. Der Journalismus bot einen Ausweg und sicherte darüber hinaus ein Gutteil seines Lebensunterhalts. Er schrieb für die skandinavische Arbeiterpresse, informierte seine Leser über die Entwicklungen in Deutschland, verfaßte aber auch Flugschriften, die von SAP-Mitgliedern illegal nach Deutschland eingeschleust wurden.

Schon frühzeitig lernte Brandt durch die internationalen Verbindungen der sozialistischen Parteien andere Länder kennen. Er reiste im

■ Abbildung 4
Beim »Lübecker Volksboten« beginnt der Siebzehnjährige seine journalistische Karriere.

■ Abbildung 5
Willy Brandt im Spanischen Bürgerkrieg, ca. 1937

Auftrag der Partei nach Belgien, Holland, Frankreich und Spanien. Die Eindrücke, die er aus seinem Aufenthalt in Spanien gewann, wurden zu einer prägenden Erfahrung. Die Selbstzerfleischung der linken Kräfte, die mehr damit beschäftigt waren, sich gegenseitig zu bekämpfen, als dem gemeinsamen Feind General Franco geschlossen entgegenzutreten, öffnete ihm die Augen. Zurück in Norwegen, wandte er sich verstärkt der Norwegischen Arbeiterpartei zu, die sich von Klassenkampfparolen bereits weitgehend verabschiedet hatte und dabei war, sich zu einer linken Volkspartei zu entwickeln.

Die Besetzung Norwegens durch die Wehrmacht im April 1940 zwang Willy Brandt erneut zur Flucht. Um seiner drohenden Verhaftung zu entgehen, zog er die norwegische Uniform eines Freundes an, geriet kurzzeitig in deutsche Kriegsgefangenschaft, wurde aber wieder entlassen, ohne daß die Besatzer ahnten, wer ihnen da beinahe ins Netz gegangen wäre. Sein Weg führte ihn über die verschneite Grenze nach Schweden. In Stockholm erhielt er, dem das Reich 1938 die deutsche Staatsangehörigkeit entzogen hatte, endlich die norwegische Staatsbürgerschaft und heiratete 1941 seine Lebensgefährtin Carlota Thorkildsen. 1942 übernahm er die Leitung des schwedisch-norwegischen Pressebüros und stieß zu einem Kreis Internationaler Sozialisten, die sich regelmäßig trafen, um politische Perspektiven für ein Nachkriegseuropa zu entwerfen.

Noch in Stockholm trat Brandt, der sich unter dem Eindruck des skandinavischen Exils zu einem überzeugten Sozialdemokraten gewandelt hatte, wieder der SPD bei, die er vor mehr als einem Jahrzehnt verlassen hatte. Es war eine Zeit des Umbruchs. Seine Ehe scheiterte, Hitler-Deutschland war besiegt, und er, der eine tiefe Zuneigung zu Norwegen empfand, fühlte sich bei Kriegsende dennoch nach Deutschland gezogen, wohin er von seiner neuen Lebensgefährtin und späteren Frau Rut Hansen begleitet wurde. Hier arbeitete er zunächst als Journalist für die skandinavische Presse und berichtete unter anderem vom Nürnberger Kriegsverbrecherprozeß. 1947 bot ihm die norwegische Regierung eine Stelle als Presseattaché bei der norwegischen Militärmission in Berlin an.[23] Ein Jahr später nahm Brandt die deutsche Staatsangehörigkeit an und wurde zum Vertreter des Hannoveraner SPD-Parteivorstandes in Berlin bestellt. Schon zu diesem Zeitpunkt mußte er feststellen, daß seine Exilzeit zur Grundlage heftiger persönlicher Anschuldigungen gemacht wurde, damals noch aus den Reihen der eigenen Partei.

In Berlin arbeitete Brandt eng mit Bürgermeister Ernst Reuter zusammen. Die beiden ehemaligen Exilanten vertraten innerhalb der SPD eine Minderheitenposition, weil sie sich aus den in Berlin gesammelten Erfahrungen heraus stark für eine Anlehnung der Bundesrepublik an den Westen aussprachen. In einem rasanten politischen Aufstieg wurde Brandt Mitglied des Berliner Abgeordnetenhauses sowie des ersten Deutschen Bundestages. Doch es fiel Brandt nicht leicht, sich gegen die sogenannte »Keulenriege« um Franz Neumann innerhalb der Berliner SPD durchsetzen. 1955 wurde er zum Präsidenten des Berliner Abgeordnetenhauses gewählt und erreichte 1957 seinen ersten politischen Höhepunkt: Willy Brandt wurde Regierender Bürgermeister von Berlin. (■ Abb. 6)

Der »Regierende« nahm zu dieser Zeit eine besondere Stellung in der Weltpolitik ein, denn er war wohl der einzige Bürgermeister mit einem direkten Draht zum amerikanischen Präsidenten. Die Lage Berlins war nicht nur Streitpunkt in der Auseinandersetzung zwischen Ost und West, hier fand der Kalte Krieg *en miniature* statt. Ständig von kleineren und größeren Krisen bedroht, war es für die Berliner nicht ungewöhnlich, von östlicher Seite als politische Verhandlungsmasse eingesetzt zu werden. Der DDR-Staatsführung bereitete das »Schlupfloch« Berlin großes Kopfzerbrechen. Scharenweise flohen ihre Bürger über West-Berlin zum Klassenfeind. Während die Westmächte beunruhigt waren über die Frage, wie wohl die Sowjetunion auf eine derartige Destabilisierung ihres Machtbereiches reagieren würde, befürchtete man im Westen Deutschlands ein gewaltsames Vorgehen der DDR-Regierung gegen das eigene Volk wie beim Volksaufstand vom 17. Juni 1953, was zum Glück ausblieb. Für die Deutschen war es ein Schock, als am 13. August 1961 über Nacht die Grenze zwischen West-Berlin und der DDR mit Stacheldraht und schwerbewaffneten Wachposten abgeriegelt wurde[24], doch die USA konstatierten erleichtert, daß eine unkontrollierbare militärische Konfrontation mit sowjetischen Truppen ausblieb.

Der Schock des Mauerbaus beförderte ein Umdenken, das den Grundstein für Brandts später so folgenreiche Ostpolitik legte: die Politik der »kleinen Schritte«, des »Wandels durch Annäherung«. Die Reaktion der westlichen Verbündeten, allen voran der USA, und die Ohnmacht der Bundesregierung zeigten ihm, daß die bisher verfolgte Politik gescheitert und eine Neuorientierung dringend erforderlich war. Besonders traf ihn die Reaktion Konrad Adenauers, der von den Ereignissen zunächst kaum Notiz zu nehmen schien. Doch der »Alte aus Rhöndorf« schoß sich bereits auf seinen sozialdemokratischen Herausforderer im Bundestagswahlkampf 1961 ein und schreckte auch vor persönlichen Entgleisungen gegen »Brandt alias Frahm« nicht zurück.[25] Von konservativer Seite wurde Brandt nicht nur seine uneheliche Geburt vorgeworfen, sondern auch sein politisches Exil während der nationalsozialistischen Terrorherrschaft. Wie es Brandts zurückhaltendem Naturell entsprach, antwortete er nicht mit einer groß angelegten Medienkampagne oder ähnlich niveaulosen Gegenangriffen. Die Kränkungen aber vergaß er nicht[26] und seine übelsten Verleumder zog er vor Gericht.

■ Abbildung 6
Als Regierender Bürgermeister der »Frontstadt« Berlin entwickelte Brandt sein Konzept der »kleinen Schritte« gegenüber der DDR. Das Bild zeigt ihn im Jahr 1958.

■ Abbildung 7
Kanzler der »neuen Ostpolitik«, 1972

■ Abbildung 8
Kniefall am Mahnmal des Warschauer Ghettoaufstandes, 7. Dezember 1970

Nach den Niederlagen in den Bundestagswahlkämpfen 1961 und 1965 verlor er kurzzeitig alle Hoffnung, jemals in seiner politischen Karriere ein Regierungsamt zu erringen oder gar Kanzler zu werden. Aber der Sturz Ludwig Erhards, Ende 1966, und die darauf folgende Große Koalition führten die SPD und Brandt schließlich doch noch »durch die Hintertür« in die Regierungsverantwortung. Als Außenminister unter Kiesinger konnte er das in Berlin entwickelte Konzept des Ausgleichs und der friedlichen Koexistenz mit dem Osten vorsichtig in Angriff nehmen, wenngleich der zurückhaltendere Koalitionspartner CDU einen echten Durchbruch in der Ostpolitik immer noch blockierte. (■ Abb. 7)

Das änderte sich mit der Bundestagswahl von 1969, als Brandt die Chance zum Regierungswechsel ergriff und mit den Liberalen eine Kleine Koalition einging. Anders als die Christdemokraten stimmte die FDP mit seinen ostpolitischen Vorstellungen fast völlig überein. Zusammen mit Außenminister Walter Scheel, dem späteren Bundespräsidenten, und Egon Bahr, einem seiner wichtigsten Mitarbeiter, versuchte Brandt nun, die Beziehungen zu den osteuropäischen Staaten, allen voran zu Moskau, auf neue Grundlagen zu stellen. Im Gegensatz zu den CDU-Regierungen früherer Jahre schlossen diese Anstrengungen, die Ost-West-Beziehungen »aufzutauen«, auch die DDR ein – gemäß Brandts Leitsatz, daß menschliche Verbesserungen im Vordergrund stehen müßten, solange entscheidende politische Fortschritte nicht zu erwarten seien.

Der Kniefall von Warschau 1970 symbolisierte eindringlich Brandts ehrliche Bereitschaft, die deutsche Schuld am Zweiten Weltkrieg einzugestehen, die politischen und territorialen Realitäten der Nachkriegsordnung zu akzeptieren und sich über die Gräben des Hasses und Mißtrauens hinweg für eine friedliche Verständigung einzusetzen. Vor allem im Ausland löste diese Geste ein überwältigendes Echo aus. (∎ Abb. 8) Die Bereitschaft Brandts zu einer Wende in den Ost-West-Beziehungen fand ihren konkreten Niederschlag in den Moskauer und Warschauer Verträgen des Jahres 1970 und im Grundlagenvertrag mit der DDR von 1972.[27] Was zur Zeit der Vertragsabschlüsse von der Opposition als Verzichtspolitik an der Grenze zum Landesverrat gegeißelt wurde, stellt im Rückblick eine dringend notwendige Revision einer in starrer Orthodoxie verharrenden deutschen Ostpolitik dar. Konrad Adenauer hatte die Bundesrepublik fest in den Westen eingebunden, Willy Brandt gab ihr nun Bewegungsfreiheit und Sicherheit nach Osten.

Sein persönlicher Einsatz für ein Aufbrechen der starren Fronten des Kalten Krieges und sein Bemühen, die menschlichen Folgen der Trennung des Kontinents in zwei ideologische Blöcke zu überwinden, wurden 1971 vom norwegischen Parlament mit der Verleihung des Friedensnobelpreises gewürdigt. Hochgeehrt im Ausland, hatte Willy Brandt innenpolitisch um so heftigere Stürme zu überstehen. Im April 1972 versuchte die Opposition, ihn mit Hilfe des konstruktiven Mißtrauensvotums zu stürzen. Am Ende verfehlte Brandts Kontrahent, der Partei- und Fraktionsvorsitzende der CDU, Dr. Rainer Barzel, den Sieg bei der Abstimmung im Deutschen Bundestag nur um zwei Stimmen[28] – Willy Brandt blieb Kanzler. Die Bundestagswahl vom November 1972 glich einem Plebiszit. (∎ Abb. 9) Brandt erzielte nicht nur das beste Bundestagswahlergebnis der SPD aller Zeiten, sondern erhielt die Bestätigung dafür, daß die Mehrheit der Menschen im Land seine Ostpolitik billigte. Allerdings hinterließen die ständigen Auseinandersetzungen gesundheitliche Spuren. Brandt rauchte viel und mußte deshalb Ende 1972, inmitten der Koalitionsverhandlungen, an den Stimmbändern operiert werden. Es bestand der Verdacht auf Krebs[29], der sich glücklicherweise nicht bestätigte.

Nach dem glorreichen Wahlsieg 1972 sank Brandts politischer Stern innerhalb nur eines Jahres. Ölkrise, Fluglotsenstreik und Tariferhöhungen von über 10 Prozent unterminierten das Vertrauen in seine innenpolitische und wirtschaftliche Durchsetzungsfähigkeit. Innerparteilich wuchs der Widerstand Herbert Wehners und Helmut Schmidts gegen die von ihnen konstatierte Führungsschwäche des Kanzlers. Als schließlich der Spionagefall Guillaume vermuten ließ, Brandt könne durch gezielte Informationen aus dem Osten angreifbar werden, entschloß er sich zur Schadensbegrenzung und trat zurück.

∎ Abbildung 9
Bei der Bundestagswahl 1972 errang Brandt das beste Ergebnis in der Geschichte der SPD.

■ Abbildung 10
Der Elderstatesman genoß weltweit höchste Achtung. Am 9. November 1989 erfüllte sich sein politisches Lebenswerk.

Dieser Schritt bedeutete wahrlich nicht das Ende von Brandts politischer Karriere. Als SPD-Vorsitzender sorgte er dafür, daß Bundeskanzler Helmut Schmidt in seiner Partei aller Rückhalt zuteil wurde, den dieser für seine Politik benötigte. Als Brandt in der Nachrüstungsdebatte jedoch von Schmidts Seite wich, erholte dieser sich nicht mehr davon. 1976 wurde Brandt zum Präsidenten der Sozialistischen Internationale (SI) gewählt. In dieser Eigenschaft bemühte er sich besonders darum, die sozialdemokratischen und sozialistischen Parteien Afrikas, Asiens und Lateinamerikas zu integrieren und die SI zu einer die Grenzen Europas überwindenden Kraft zu formieren. Er versuchte, das Bewußtsein der Industrienationen für einen fairen und konstruktiven Dialog mit den ehemaligen Kolonien zu stärken – ein Ziel, das er auch als Vorsitzender der Nord-Süd-Kommission verfolgte, die eine gerechtere Teilhabe der unterentwickelten Länder des Südens am materiellen Reichtum des Nordens forderte. Im Dialog mit den Ländern des Ostblocks setzte er sich für Dissidenten wie Vaclav Havel und Andrej Sacharow ein – jedoch ohne öffentliches Aufsehen. Der Erfolg im Stillen war ihm wichtiger als die Befriedigung persönlicher Eitelkeiten, und jene, um die es ging, hatten davon mehr als von jedem noch so scharfen Protestaufruf.

Die letzten Jahre seines Lebens waren ein persönlicher Triumph, denn Brandt durfte die späten Erfolge seiner Politik der Öffnung und des Dialogs mit dem Osten noch erleben. (■ Abb. 10) Die Vereinigung Deutschlands war für ihn nicht nur die nachträgliche Bestätigung seiner Politik, sondern vor allem die Vollendung seines politischen Lebenswerkes. Die »Willy«-Rufe der ostdeutschen Demonstranten zeigten deutlich, welche Bedeutung die Menschen seiner politischen Rolle beimaßen. »Die Mauer wird fallen, und Berlin wird leben.«[30] Beide Teile Deutschlands und Europas, die sich jahrzehntelang nebeneinander und doch nicht parallel zueinander entwickelt hatten, machten sich nun auf den Weg, wieder eins zu werden. »Jetzt wächst zusammen, was zusammengehört«[31], so formulierte Willy Brandt es auf dem Balkon des Schöneberger Rathauses, vor einer jubelnden Menschenmenge.

Anderthalb Jahre später erkrankte er schwer, ordnete sein Leben und nahm Abschied. Am 8. Oktober 1992 starb Willy Brandt in seinem Wohnhaus in Unkel am Rhein.

Willy Brandt – Stationen seines Lebens

1913	Am 18. Dezember in Lübeck als Herbert Ernst Karl Frahm geboren
1929	Mitglied der Sozialistischen Arbeiterjugend (SAJ) in Lübeck
1930	Eintritt in die SPD
1931	Wechsel zur Sozialistischen Arbeiterpartei Deutschlands (SAP); Vorsitzender ihres Jugendverbandes in der Hansestadt
1932	Abitur am Lübecker Reform-Gymnasium »Johanneum«
1933–1940	Exil in Norwegen; unter dem Namen Willy Brandt Widerstand gegen das NS-Regime; Mitglied der Exil-Leitung des SAP-Jugendverbandes und des Internationalen Büros revolutionärer Jugendorganisationen;
seit 1939	Koordinator für Inlandsarbeit der SAP; zum »Federführenden« der SAP während des Krieges ernannt; umfangreiche journalistische und publizistische Tätigkeit
1936	Illegaler Aufenthalt in Berlin
1937	Beauftragter der SAP im Spanischen Bürgerkrieg
1938	Ausbürgerung durch die Nationalsozialisten
1939	Sekretär der norwegischen Volkshilfe
1940	Flucht ins Exil nach Schweden; norwegische Staatsbürgerschaft; umfangreiche publizistische Tätigkeit für den norwegischen Widerstand
1942–1945	Sekretär der »Kleinen Internationale« in Stockholm
1944	Eintritt in die Landesgruppe deutscher Sozialdemokraten in Schweden; Verbindungen zur Widerstandsgruppe des 20. Juli
1945	Nach Kriegsende Rückkehr nach Oslo
1945–1946	Berichterstatter für skandinavische Zeitungen aus Deutschland, u.a. über das Internationale Kriegsverbrechertribunal in Nürnberg
1947	Presseattaché an der norwegischen Militärmission in Berlin
1948	Vertreter des SPD-Parteivorstandes in Berlin; Wiedereinbürgerung
1949–1957, 1961	Vertreter Berlins im Deutschen Bundestag

1950–1969	Mitglied des Berliner Abgeordnetenhauses
1954–1958	Stellvertretender Landesvorsitzender der Berliner SPD
1955–1957	Präsident des Berliner Abgeordnetenhauses
1957–1966	Regierender Bürgermeister von Berlin
1957–1958	Vorsitzender des Bundesrats
1958–1963	Präsident des Deutschen Städtetages
1958–1964	Vorsitzender des Berliner Landesverbandes der SPD
1958–1992	Mitglied des Parteivorstandes der SPD
1960, 1964, 1969	Nominierung zum Kanzlerkandidaten der SPD
1962–1964	Stellvertretender Vorsitzender der SPD
1964–1987	Vorsitzender der SPD
1966–1969	Bundesminister des Auswärtigen und Vizekanzler in der Großen Koalition aus CDU/CSU und SPD
1966–1976	Vizepräsident der Sozialistischen Internationale
1969–1992	Mitglied des Deutschen Bundestages
1969	Wahl zum Bundeskanzler und Beginn der sozial-liberalen Ära
1970	Erste deutsch-deutsche Gipfeltreffen in Erfurt und Kassel; Unterzeichnung des Moskauer und des Warschauer Vertrages; Wahl zum »Mann des Jahres« durch »Time« (USA) und »L'Express« (Frankreich)
1971	Verleihung des Friedensnobelpreises; Ehrenbürger von Berlin
1972	Erfolgloses Misstrauensvotum der CDU/CSU gegen den Bundeskanzler; Sieg der SPD bei den vorgezogenen Wahlen zum Deutschen Bundestag; Wiederwahl zum Bundeskanzler; Ehrenbürger von Lübeck
1973	Inkrafttreten des Grundlagenvertrages; Beitritt beider deutscher Staaten zu den Vereinten Nationen; Unterzeichnung des Prager Vertrages
1974	Rücktritt vom Amt des Bundeskanzlers
1976–1992	Präsident der Sozialistischen Internationale
1977–1983	Vorsitzender der Nord-Süd-Kommission
1979–1983	Mitglied des Europäischen Parlaments
1983, 1987	Alterspräsident des Deutschen Bundestages
1985	Auszeichnung mit dem Albert-Einstein-Friedenspreis
1987–1992	Ehrenvorsitzender der SPD

1990	Ehrenvorsitzender der SPD in der DDR; Alterspräsident des ersten gesamtdeutschen Bundestages
1991	Auf Antrag Brandts und anderer Entscheidung des Deutschen Bundestages für Berlin als Sitz von Regierung und Parlament
1992	Am 8. Oktober in Unkel bei Bonn verstorben

Entnommen aus: Willy Brandt – Berliner Ausgabe in 10 Bänden. Herausgegeben im Auftrag der Bundeskanzler-Willy-Brandt-Stiftung von Helga Grebing, Gregor Schöllgen und Heinrich August Winkler, Verlag J.H.W. Dietz Nachf.

3 Die Kanzlergalerie

»... daß es so realistisch ist, wie's die Leute am liebsten haben: wenn nämlich der eigene Hund davor bellt.«
(Peter Boenisch)

Das gemalte Porträt und die Porträtplastik hatten in Deutschland nach dem Zweiten Weltkrieg einen schweren Stand. Die Neubesinnung der deutschen Kunst seit 1945 wurde von den bekanntesten Vertretern des Informel, so von Ernst Wilhelm Nay, Fritz Winter, Hans Hartung, Wols, Emil Schumacher und Georg Meistermann, angestoßen. Die Hinwendung zur abstrakten Malerei glich einem Neuanfang. Vor allem der von den Nationalsozialisten mißbrauchte »naturalistische Stil« wurde jetzt konsequent zurückgewiesen.[32] Die abstrakte Malerei lehnte jede feste Kompositionsregel ab und brachte mit »Tachismus«, »Action Painting« und »Art brut« eine Vielfalt von Stilrichtungen hervor, die vor allem in den fünfziger und frühen sechziger Jahren die internationale Kunstszene beherrschten. Auch die Fotografie als perfekte Momentaufnahme erlebte eine neue Blüte. Das gemalte und geformte Bildnis aus Künstlerhand wurde jedoch nie restlos verdrängt.

Namhafte Künstler wie Oskar Kokoschka, Peter Heckenrath, Horst Janssen, Ernst Günter Hansing, Graham Sutherland und Johannes Grützke sowie die bekannten Prominentenmaler Friedrich Ahler-Hestermann, Helga Tiemann, Bernhard Heisig, Günter Rittner, Hans Jürgen Kallmann und Oswald Petersen porträtierten zahlreiche Politiker der Bundesrepublik. Sie repräsentieren jene kleine Gruppe von Malern, die dem Porträt in der Demokratie einen festen Platz zuweisen wollten. Dabei beschritten sie zwei unterschiedliche Wege: Erstens das avantgardistisch-subjektive Abbild, oft expressiv im Malgestus und unkonventionell in der Aussage über die Person und ihre Lebensumstände. Zweitens die traditionelle, naturalistische Darstellung, auf der das Modell gut wiederzuerkennen sein soll, um dessen historische Bedeutung der Nachwelt zu überliefern.

Hohe Politiker und Wirtschaftsführer sahen im Porträt stets einen Ausdruck ihrer herausgehobenen gesellschaftlichen Position, die sich mit einem besonderen Lebensstil verband. Gerade an Unternehmerbildnissen läßt sich dieser Impetus deutlich ablesen; sie trugen dem Wunsch Rechnung, Tüchtigkeit und Erfolg im wiederaufblühenden Nachkriegsdeutschland gleichsam künstlerisch zu dokumentieren. Der Verewigung im Bild wurde dabei ein ähnlich hoher Stellenwert beige-

■ Abbildung 11
Die »Ahnengalerie« der Bundeskanzler im Bonner Bundeskanzleramt: Konrad Adenauer, Ludwig Erhard, Kurt Georg Kiesinger, Willy Brandt und Helmut Schmidt (v.l.n.r.)

messen wie zum Beispiel einer Ordensverleihung.[33] Dabei bedienten sich die Auftraggeber häufig solcher Künstler, die sich auf eine realistische Darstellungsform prominenter Persönlichkeiten mit einem hohen Wiedererkennungseffekt spezialisiert hatten.

Als im Juni 1976 das Bundeskanzleramt in sein neues Bonner Haus einzog, faßte Helmut Schmidt den Entschluß, eine Porträtgalerie der früheren Kanzler einzurichten. Zum einen sollte sie dem funktionalen Gebäude eine »menschliche Atmosphäre« verleihen und zum anderen jene »Kontinuität der Demokratie in Deutschland« sichtbar machen, »die eine demokratische Nation zur Selbstfindung benötigt«[34].

Diese kleine Sammlung soll uns als Beispiel für die Entwicklung des offiziellen Politikerporträts nach 1945 dienen.

Bis zum Frühjahr 2000 hing die »Ahnengalerie«, wie sie auch oft genannt wird, auf dem Flur der Bonner Kabinettsetage, beginnend mit dem von Hans Jürgen Kallmann gemalten Konrad Adenauer. Ludwig Erhard und Kurt Georg Kiesinger wurden von Günter Rittner porträtiert, Willy Brandt und Helmut Schmidt hingegen von Oswald Petersen beziehungsweise Bernhard Heisig. (■ Abb. 11) Als im Mai 2001 das Bundeskanzleramt nach Berlin umzog, erhielten die fünf Porträts neue Plätze an einer monumentalen Sandsteinwand, die sich als offene Galerie vom Erdgeschoß bis in die Erste Etage erstreckt.[35]

Konrad Adenauer ließ sich 1963, im letzten Jahr seiner Amtszeit, von Kallmann malen: als Sitzstück mit leicht geneigtem Kopf und wir-

Abbildung 12, 13

kungsvoll herausgearbeiteten, im Schoß liegenden Händen. Falten, Furchen, die pulsierenden Adern und Adenauers am Betrachter vorbeigehender Blick sind sehr plastisch und stellen ihn als alten, sorgenbeladenen und schwermütigen Mann dar. Dieser Eindruck wird durch den dunklen Anzug und den erdfarbenen Hintergrund noch unterstrichen. (Abb. 12, S. 116) Das Bild hing bis 1976 in der Eingangshalle des Palais Schaumburg.

Hans Jürgen Kallmann, der 1908 Medizin studiert und ab 1930 als Autodidakt seine künstlerische Karriere begonnen hatte, gehört zu den sogenannten Bonner »Prominentenmalern«. Hohe Ähnlichkeit mit dem Modell, eine traditionelle Malweise und ein akademischer Stil zeichnen sein Adenauer-Porträt aus. Es ist beliebter als viele andere.[36] Als 1978 die Entscheidung fiel, gerade dieses Bild, das vor allem durch seine Größe besticht, in die Kanzlergalerie zu übernehmen, sprach die Presse von einer »Porträtmisere«.[37]

Ein weiteres Ölgemälde Konrad Adenauers aus den Jahren 1963/65, das schon länger im Besitz des Bundeskanzleramtes war, jedoch nicht für die Galerie ausgewählt wurde, stammt von dem englischen Künstler Graham Sutherland. (Abb. 13, S. 118) Zwischen Maler und Modell entwickelte sich ein freundschaftliches Verhältnis während der Sitzungen in Adenauers Feriendomizil in Cadenabbia. Graham Sutherland, der zu den größten englischen Landschafts- und Porträtkünstlern seiner Generation zählt und bereits Winston Churchill gemalt hatte, setzte in einzigartiger Weise das »Antlitz des großen alten Herrn« in eine »künstlerisch-geistige Realität« um.[38] Als das Bild 1965 der Öffentlichkeit präsentiert wurde, war Adenauer sehr zufrieden: »Sie haben (...) mein Inneres sehr gut zum Ausdruck gebracht. Das ist wohl das Wich-

● Abbildung 14, 15

tigste bei jedem Porträt. Ich bewundere ihre Kunst (...) und ich erblicke darin eine große Anerkennung für meine Person.«[39] Das mit großer Expressivität gemalte Werk – eine Mischung aus akademischer Routine und psychologischen Innentönen – ist ein Zeitzeugnis, das sehr zur Bereicherung der Kanzlergalerie beigetragen hätte. Doch ausgewählt wurde es nicht. Statt dessen hing Sutherlands Arbeit von 1998 bis Frühjahr 2000 im Großen Kabinettssaal in Bonn. [40]

Der Münchner »Akademiker« Günter Rittner, den manche Zeitgenossen ironisch als »Prominentenverschönerer« bezeichnen, hatte sich auf Porträts von Politikern, Wirtschaftsbossen und Theatergrößen spezialisiert. Franz Josef Strauß und Walter Scheel saßen ihm Modell, aber auch Ludwig Erhard (1974) und Kurt Georg Kiesinger (1976), die er für die Kanzlergalerie malte. (● Abb. 14, 15, S. 116, 117). Beide Sitzstücke von Erhard und Kiesinger sind naturalistisch. Rittner hob sie durch eine besondere Farbigkeit hervor. Die Gesichter sowie die harten Umrißlinien der Köpfe setzen sich von dem mit breitem Pinselstrich gemalten Hintergrund ab. Ludwig Erhard war von seinem Porträt so angetan, daß er Postkarten für die CDU davon anfertigen ließ. Der zurückhaltendere Kurt Georg Kiesinger fand sein Konterfei »äußerst gelungen«. Anscheinend traf Günter Rittner den Geschmack seiner Modelle sehr genau. Er war sogar für ein Bild von Willy Brandt im Gespräch.[41] Doch Brandt lehnte ein solches »Postkartenporträt« ab und entschied sich 1977 bewußt für Georg Meistermann, der ihn bereits einmal zwischen 1969 und 1972 gemalt hatte.

Meistermann ging über die rein naturalistische Darstellungsweise weit hinaus. Er versuchte, bestimmte Aussagen über die Person und Regierungszeit des sozialdemokratischen Politikers künstlerisch umzuset-

Abbildung 16, 17

zen. (● Abb. 16, S. 114) Dieses zweite abstrakte Bild Meistermanns wurde zunächst in die Kanzlergalerie aufgenommen, dann jedoch – nach langwierigen Auseinandersetzung innerhalb der politischen Elite Bonns – im Jahr 1985 wieder entfernt und durch ein spätimpressionistisches Repräsentationsgemälde von Oswald Petersen ersetzt. (● Abb. 17, S. 115) Man begründete die Entscheidung damit, daß Meistermanns Werk »stilistisch nicht in die Galerie [passe]«.[42]

Helmut Schmidt, der Willy Brandt im Amt des Bundeskanzlers folgte, hatte keine Eile damit, sich malen zu lassen. Eine erste Probezeichnung von Oskar Kokoschka lehnte er ab mit den Worten: »Ich finde, daß das Bild Kokoschka ähnlicher sieht als mir.«[43] Nachdem das Kanzleramt mit der Bitte an ihn herangetreten war, sein Porträt realistisch gestalten zu lassen, entschied Schmidt sich schließlich für den DDR-Künstler Bernhard Heisig. (● Abb. 18, 19, S. 117, 118) Heisig, der in der Tradition von Lovis Corinth, Otto Dix und Max Beckmann steht, erfüllte alle Erwartungen, die an ihn gerichtet waren. In expressionistischer Manier malte er Schmidt als »Macher«. Kräftige Grün- und Blautöne trug er mit grobem Pinselstrich auf die Leinwand und hob das Gesicht durch braune und weiße Farbtupfen hervor. Mit Brille beziehungsweise Zigarette in der Hand und einem rotem Tuch im Revers, ist der Politiker deutlich zu erkennen. Auch dieses Bild fügt sich harmonisch in die Gemäldesammlung ein.

Altbundeskanzler Helmut Kohl hat bislang noch nicht erkennen lassen, von welchem Künstler er porträtiert werden will. Es wird jedoch allgemein angenommen, daß er sich für einen realistischen Maler entscheidet.[44]

◉ Abbildung 18, 19

Die Wahl von Bundeskanzler Gerhard Schröder fiel auf den Futuristen Uwe Bremer, dem er sagte: »Mal mich, aber ja nicht so häßlich, wie du dich selbst malst.« Ende der Siebziger lebten Schröder und der Bremer Künstler drei Jahre lang in einer Wohnung zusammen. Zu der Hausgemeinschaft gesellten sich oft Freunde wie Rudi Dutschke und Rudolf Augstein.[45] Bremer setzte sich in seinen surrealistischen Darstellungen mit schwebenden Wesen, grinsenden Monstern und Magiern auseinander. In ähnlicher Weise wird auch das Porträt von Schröder gehalten sein. In einer Komposition aus schwarzer Magie und Kernphysik soll der Kanzler als Karikatur zu sehen sein und sich die Monte-Christo-Zigarre an der Sonne anzünden.[46]

Die zur Zeit fünf Porträts der Kanzlergalerie weisen mehrere stereotype Merkmale auf: Alle Regierungschefs sind sitzend dargestellt, als Halb- oder Dreiviertelfigur, in dunklem Anzug und Krawatte.[47] Der Bildhintergrund bleibt neutral. Auf besondere Insignien, die die Funktion und den Status des Porträtierten erkennen ließen, wird verzichtet. Ein alltäglicher Herrenanzug, der seit Beginn des 20. Jahrhunderts auf vielen Prominenten- und Bürgerdarstellungen zu finden ist, soll zeigen, daß prunkvolle oder aufwendige Kleidung für einen modernen Politiker entbehrlich ist. Auch die Position des Modells verändert sich: Das Sitzporträt löst das stehende Herrscherbildnis ab.[48] In Ernst Fritschs Darstellung von Friedrich Ebert aus dem Jahr 1924 wird beispielsweise das bürgerliche und soziale Element in der Person des Reichspräsidenten durch die zivile Kleidung und eine lockere Sitzhaltung betont.[49]

Wer sie porträtieren sollte – das konnten die Kanzler im Prinzip selbst bestimmen. Zwar rechnete das Bundeskanzleramt im Vorfeld nicht damit, daß über diese Frage eine Kunstdebatte ausbrechen könnte; dennoch legte es den Politikern nahe, sich für einen realistischen Maler wie Kallmann, Rittner oder Petersen zu entscheiden. Als Oswald Petersen den Auftrag für sein Willy-Brandt-Porträt erhielt, wurden ihm die Größe und Darstellungsform zur Auflage gemacht.[50] Denn die Bilder der Kanzlergalerie sind in erster Linie als Geschichtszeugnisse gedacht. Wie schon Ludwig Erhard sagte, soll auch in hundert Jahren noch die Person darauf wiederzuerkennen sein.[51]

Diesem Ziel kam die Sammlung recht nahe. Doch selbst Helmut Schmidt, der sie ins Leben gerufen hatte, räumte vorsichtig ein: »Es sind sicher bessere Porträts denkbar (...) Wir haben auch schon mal überlegt, ob wir nicht das eine oder andere dieser Porträts ersetzen sollten.«[52] Bei diesen Überlegungen aber blieb es.

Wolfram Wickert, Mitarbeiter im Bundeskanzleramt, nahm 1978 dazu Stellung: »Diese Galerie ist für uns alle eher beschämend. Diskret werden die Staatsbesucher zur Gemäldesammlung der Expressionisten umgeleitet.«[53] Das Zeit-Magazin bezeichnete sie als »Fiasko« und »kleindeutsche« Lösung.[54] Die fünf Kanzlerbilder von Adenauer bis Schmidt setzen jedoch ästhetische Maßstäbe für alle späteren Werke, die noch in diese Galerie aufgenommen werden. Als Georg Meistermanns Brandt-Porträt 1985 abgenommen und ausgetauscht wurde[55], war die Brücke, die diese avantgardistische Arbeit zur zeitgenössischen Moderne geschlagen hatte, vorerst eingerissen.[56]

Einerseits schien es, als habe Willy Brandt Bürokratie und Öffentlichkeit mit der Wahl Georg Meistermanns gleichermaßen überfordert. Andererseits gab er hierdurch einen indirekten Anstoß, alle bisherigen Werke der Kanzlergalerie in Frage zu stellen. Die Verantwortlichen im Kanzleramt hatten nicht rechtzeitig erkannt, daß ein andersartiges Porträt auch eine neue politische Aussage in diese Sammlung tragen würde, ja, daß es die Gefahr eines Bruchs mit der bisherigen Tradition naturalistischer Darstellungen in sich bergen könnte.

4 Moderne contra Tradition

»Kunst, das ist alle kreative Tätigkeit, bedeutet keinen Luxus der Gesellschaft, sondern ist eines ihrer konstitutiven Elemente.« (Willy Brandt)

Der Fall Georg Meistermann

Georg Meistermann, abstrakter Maler und Glaskünstler, setzte in den Jahren nach 1945 wichtige kunst- und kulturpolitische Zeichen. Er schuf ein neues Verständnis von Malerei in Deutschland. Im freien Spiel der Formen und Farben befreite sich die Kunst vom jahrelangen Zwang der nationalsozialistischen Doktrin. »Die Kunst ohne Gegenstand« wurde zu einer Sprache, die man überall in Europa und den USA verstand.

»Willy Brandt lernte ich 1952 kennen bei einer Tagung der wenigen Mitglieder der deutschen Sektion ›Für die Freiheit der Kultur‹. (...) Hier sprach ein Politiker für meine Ohren erstmals aus Gründen, die ins staatsmännische Konzept die geistigen Grundlagen einer Nation einbezog. Die Klugheit seiner Ausführungen, das Aufzeigen von Perspektiven, die sich aus meinen Erwartungen zwangsläufig ergeben würden, waren so einleuchtend, dass ich spontan begriff, worin ich geirrt hatte. Seit dieser Begegnung habe ich meine Bewunderung für Brandt nicht verloren.«[57]

Für Meistermann war diese erste Begegnung nicht nur der Anfang einer jahrzehntelangen freundschaftlichen Beziehung.[58] In einer Zeit der künstlerischen Neuorientierung sah er plötzlich die Chance, jene im Dritten Reich »verfemten« Strömungen der klassischen Moderne zu rehabilitieren und Kunst und Kulturpolitik zur gemeinsamen Aufarbeitung der jüngsten Vergangenheit anzuhalten.

Im Bewußtsein dieser Aufgabe setzte sich Georg Meistermann in seinen Werken kritisch mit den Spannungsfeldern zwischen Kunst und Öffentlichkeit, Politik und Kirche auseinander. 1911 in Solingen geboren, studierte er 1932–33 drei Semester an der staatlichen Kunstakademie in Düsseldorf als Schüler von Heinrich Nauen (1880–1940), Ewald Mataré (1887–1965) und Werner Heuser (1880–1964). Bei ihnen lernte er nicht nur sein künstlerisches Handwerk. Meistermann machte sich auch ihre Maxime zueigen, sich immer mit höchster Intensität in eine Aufgabe zu vertiefen und diese zu einem optimalen Ergebnis zu führen.[59]

1933 wurden seine Werke von den Nationalsozialisten als »entartet« verdammt. Bald darauf verlor er durch einen Bombenangriff sein gesamtes Frühwerk. 1952 lehrte er an der Frankfurter Städelschule, erhielt 1956 eine Professur an der Kunstakademie in Düsseldorf und lehrte von 1960 bis 1976 an der Kunstakademie in Karlsruhe. Ausstellungen, Ehrungen und Preise begleiteten seitdem sein Leben.

Abstrahierende Bildmotive mit kantigen, sich einander überlagernden Linienstrukturen beherrschen sein künstlerisches Schaffen. Ende der vierziger Jahre entstanden Meistermanns Raumschichtungen und Meditationsbilder. Ab 1958 konzentrierte er sich auf seine Fastentücher, die die räumliche und psychologische Wirkung von Farbtönen thematisierten. Durch seine abstrakte Formensprache, die teils geometrisch, teils biomorph war, gewann das Element »Schweben« eine zentrale Bedeutung. Es entstanden Werke mit enormer Farbdichte, die in das Bild »hineinwirkt« und sich aus dieser »Tiefenstufung« in den Raum hinausbewegt.[60] In der Karlsruher Zeit schuf er zahlreiche Glasfenster in Kirchen und öffentlichen Gebäuden. Georg Meistermann war nicht nur Maler und Glaskünstler, sondern ebenso ein hervorragender Rhetor. Heinrich Böll beschrieb ihn so: »Maler zuerst, aber eben nicht nur, auch Intellektueller, homo politicus«.[61] Als »wortgewandter Streiter für die Sache«[62] postulierte er eine Verantwortung der Kunst gegenüber der Gesellschaft mit ihren sozialen Problemen. Unabhängigkeit war für ihn sehr wichtig; daher warnte er stets davor, daß sich Staat und Kirche in Fragen künstlerischer Gestaltung und Aussage einmischen.[63] Meistermanns Meinung nach darf man Künstler nicht an die soziale Peripherie abdrängen, sondern muß ihnen einen zentralen Ort in der Gesellschaft einräumen.

Willy Brandt stimmte dieser Meinung zu, als er sagte: »Kunst, das ist alle kreative Tätigkeit, bedeutet keinen Luxus der Gesellschaft, sondern ist eines ihrer konstitutiven Elemente.«[64]

Als Präsident des Deutschen Künstlerbundes von 1967 bis 1972 sowie als Vorsitzender des Berufsverbandes der bildenden Künstler in Nordrhein-Westfalen gab Meistermann der deutschen Kunst und Kulturpolitik wichtige Anstöße.[65] 1967 konnte er Carlo Schmid als neuen Ehrenvorsitzenden des Deutschen Künstlerbundes gewinnen, der an die Stelle des 1963 verstorbenen Theodor Heuss trat. Heuss, dem die soziale Gleichstellung der Künstler in der Gesellschaft am Herzen lag, hatte schon 1949 eine »Notgemeinschaft der Deutschen Kunst« eingerichtet. Später erreichte Meistermann mit Hilfe dieser Organisation, daß 1970 eine Bundeskunstsammlung ins Leben gerufen wurde. Willy Brandt stellte als erster Regierungschef jährlich 250.000 Mark für Ankäufe aus der Bundesrepublik zur Verfügung[66] und hat mit dieser Entscheidung ein Zeichen für die Zukunft gesetzt.

»Farbige Notizen zu einer Biographie«

Die Porträtmalerei macht nur einen kleinen Teil des Meistermannschen Oeuvres aus. Insgesamt drei Politiker und drei Freunde hat er in seinem Leben gemalt. Jedoch setzte er sich mit diesen wenigen Bildern sehr intensiv auseinander. Er porträtierte Persönlichkeiten, die er schätzte und für wichtig hielt, wie zum Beispiel den Kunsthistoriker Andreas Linfert (1951), Carlo Schmid (1956 und 1960) und Walter Scheel (1976/77). (● Abb. 20, S. 119)

Die frühen Bildnisse sind durch satte Farben und zerfließende Formen bestimmt.[67] Fest umrissene Konturen stehen im Kontrast zu weichen Farbfeldern. Die Grundzüge der dargestellten Person sind erkennbar, typische Merkmale wie Gebärden oder Körperhaltungen werden von Georg Meistermann herausgearbeitet. So schreibt Gottfried Sello 1966 kritisch über das zweite Schmid-Porträt: »[H]arte und zugleich verschwimmende Konturen, die Figur dröhnend massiv und dabei zart, vergeistigt – das Bildnis als farbiger Schatten, den der Mensch auf die Leinwand wirft.«[68]

In den Jahren von 1969 bis 1973 entstand Meistermanns erstes und wohl umstrittenstes Brandt-Porträt. (● Abb. 21, S. 120, ■ Abb. 22) Von Kanzleramtschef Horst Ehmke wurde der Künstler seinerzeit gebeten, Willy Brandt für die Ausstellung »Zeitgenossen« in Recklinghausen (1970) zu malen. Ehmke engagierte sich sehr in der Kunst- und Kulturpolitik. Angesichts der geringen Zahl bedeutender sozialdemokratischer Künstler hielt er es für angemessen, »die Lücke füllen zu lassen«.[69] Meistermann war begeistert und sagte zu. Er verstand dieses Porträt nicht als Auftrag, sondern als einen biographischen Beitrag, den Kanzler nach seinen Vorstellungen über einen längeren Zeitraum darzustellen[70] und nannte das Bild daher auch »Farbige Notizen zu einer Biographie des Bundeskanzlers Brandt«. Vier Jahre lang setzte sich der Künstler mit dem persönlichen und politischen Werdegang Willy Brandts auseinander. Dabei stieß er auf eine komplexe, vielseitige und schwierige Persönlichkeit.

Er äußerte sich zu seinem Vorhaben im Zeitmagazin: »Ich war mir in keiner Weise klar, wie ein Porträt von Brandt anzulegen oder gar auszuführen sei. Die Erfahrung seiner Person ging immer mehr auf die erstaunliche Breite ihrer Anlagen aus. Eine äußerst komplexe Persönlichkeit mit sehr bewußt erlebter eigener Biographie und der seiner Zeit, in der immer noch formierte Gesellschaft, Reaktionäre, Konservative, Radikale miteinander und gegeneinander handeln. Technischer Fortschritt, politische Ideologien und neue Machtkonstellationen – bei seltener Besorgtheit um die Probleme und Fragen menschlichen Lebens – bilden wie ein Chaos das Milieu, dem alte Ordnungen nicht mehr beizukommen vermögen.«[71]

● Abbildung 20

● Abbildung 21

■ Abbildung 22
Georg Meistermann vor seinem Atelier, Köln 1973.
Im Hintergrund sein erstes Willy-Brandt-Porträt

Brandt war Teil einer Gesellschaft, in der alte und neue Strukturen zusammentrafen. Als Politiker stand er im Mittelpunkt dieses Geflechtes. Meistermann wollte die Gegensätze und den Zwiespalt dieser Situation in sein Bild einbeziehen. Sowohl die Gleichzeitigkeit vieler Augenblicke als auch die Veränderungen, welche Willy Brandt in drei Jahren erlebte, hat Meistermann verarbeitet. Carl Linfert kommentierte treffend: »Der Maler hat gespürt, daß sein Bild einen Zeitgang von Widersprüchen, mindestens Komplikationen mit durchgemacht hat. Sonst hätte er es nicht ›farbige Notizen zur Biographie des Bundeskanzlers von 1969 bis 1973‹ genannt.«[72]

Meistermann stellte sich die Frage, in welcher Umwelt Brandt steht. Welches Milieu umgibt einen Demokraten? Wird die Würde der Person noch geachtet? Er kam zu dem Schluß, daß Brandts Konturen stets variabel seien, und bemerkte, daß es kaum zehn Fotos von ihm gebe, die sich gleichen: »Immer erscheint er anders als das Bild, das man von ihm hat.«[73]

Durch die unermüdliche Auseinandersetzung mit seinen Modellen entwickelte Meistermann die Idee, daß jedem Menschen eine spezifische Farbigkeit zuzuordnen sei, die seinen Charakter und seine Persönlichkeit widerspiegelt. Durch diesen Schritt, Farbe als Ausdruck und nicht als dekoratives Element zu verwenden, löste er sich von der konservativen Porträtmalerei und schuf ein subjektives Innenbild Willy Brandts.

Ein Gewirr von fragmentarisch feinen, schichtweise übereinander gelagerten Strichen und Punkten in Grün, Braun, Rot und Schwarz bilden Farbzonen, die sich zu großen Feldern formieren. Die Malweise des Hintergrundes hat eine pointillistische Wirkung, wie man sie beispielsweise bei dem französischen Symbolisten Bertrand-Jean, genannt »Odilon« Redon (1840–1916) antrifft. Aus diesen Grundformen treten langsam erkennbar die Konturen *Hand* und *Kopf* hervor: die weiße Hand mit einer Zigarette zwischen Zeige- und Mittelfinger aus einer hellen Fläche, der Kopf mit den kantigen Umrissen aus einer dunkleren rotbraunen Farbfläche. Das Gesicht wirkt, als wäre es aus dem Hintergrund herausmodelliert. Meistermann bezeichnete die Fülle der Farben als »Urschlamm«. Auffallend sind die tiefen roten Augenhöhlen, die es noch schwerer machen, den Politiker zu identifizieren. Nase, Mund und Kinn werden mit weißen Farbpartien angedeutet. Der dünne, breitgezogene Mund und der hohe schwarze Haaransatz lassen in ihrer Summe eine Person erkennen. Carl Linfert schreibt dazu: »So oft Brandt für jeden zu sehen war, diesen Mund hat er ja wirklich – aber immer nur als endende Gebärde, im Sprechen wie im Zuhören.«[74] Georg Meistermann reduziert die Konturen und »enthüllt« einige wenige »Züge« der Person wie den Mund und den Haaransatz. Auch der lässig aufgestützte linke Unterarm, die nach oben gespreizte Hand mit der Zigarette zwischen den Fingerkuppen lassen Willy Brandt vermuten. So ist er auf zahlreichen Fotos zu sehen. Der Künstler schafft also gegenständliche Konturen, die als Erkennungsmerkmale dienen, eingebettet in seine abstrakte Formensprache. Meistermann verzichtet auf das »Rundum-Porträt«, auf das genaue Abbild im Sinne eines traditionellen Politikerporträts. Es entstand ein »psychographisches Innenbild« eines zeitgenössischen, politisch repräsentativen Menschen, wie der Kunsthistoriker Werner Haftmann es ausdrückte.[75]

Als Rut und Willy Brandt 1972 Georg Meistermann in dessen Kölner Atelier besuchten, war der Kanzler »fasziniert« von seinem

■ Abbildung 23
Edeltrud und Georg Meistermann mit Ruth und Willy Brandt vor dem Kanzlerporträt im Atelier des Künstlers, 1972

Konterfei. (■ Abb. 23) Das düstere linke Auge und der klaffende Mund störten ihn nicht. Brandt zog Parallelen zu dem Ebert-Porträt von Lovis Corinth.[76] Lovis Corinth (1858–1925) war einer der Hauptvertreter des deutschen Impressionismus und Mitglied der Münchner und Berliner Sezession. Durch seine visionäre und expressive Malweise hob er sich von der damals gültigen Kunstauffassung ab, besonders in seinen psychologischen (Selbst-) Porträts. Ähnlich wie Meistermann brach er mit der Konvention der alten Malschule und drückte sich durch die Farbe als Mittel der Form in seinen Werken aus.[77] Im Gespräch sagte Willy Brandt später, beim Betrachten des Bildes glaube er zu wissen, um was es dem Künstler gegangen sei.

Für Willy Brandt gab es mehrere Gründe, sich von Georg Meistermann malen zu lassen. In einem Interview erläutert er sie: »Dass ich Georg Meistermanns Vorschlag einer Porträtstudie zugestimmt habe, hatte natürlich auch mit Sympathie zu tun. Er ist ein sehr politischer Mensch, voll freiheitlicher Ungeduld, Dinge zu verändern, die er als ungerecht empfindet. Außerdem hat uns die unterschiedliche, aber nachdrückliche Erfahrung mit der Naziherrschaft für das ganze weitere Leben geprägt.«[78]

Die Bedeutung der Vergangenheit war Georg Meistermann, der 1933 von den Nationalsozialisten Ausstellungsverbot erhalten und als Soldat den Eid auf Hitler verweigert hatte, bewußt. Meistermann ordnete Brandts Vergangenheit im Exil so ein: »Seiner Emigration, dem Verlassen seines Vaterlandes, wurden unlautere Motive unterstellt, und die Rückkehr in ein Deutschland, dem doch gerade jene Personen fehlten, die sich ›draußen‹ umgesehen hatten, wurde mit Nasenrümpfen gerade eben hingenommen. Rückkehrer wie Brüning waren ebenso unerwünscht wie Thomas Mann und Brandt. (...) Das alles kann nicht übersehen werden, wenn man Willy Brandt gerecht werden will. (...) Hier lagen die Tiefen seiner umfassenden Bildung.«[79]

Willy Brandt gab noch eine weitere Begründung, sich von Meistermann malen zu lassen: »Und ich empfand es nicht als falsch, die Reihe der Porträts durch eine Abweichung vom Konventionellen aufzulockern.«[80]

Gerade diese Bereitschaft zu etwas Neuem, die Brandt bei der Auftragsvergabe zeigte, versuchte Georg Meistermann in seinem Werk umzusetzen: »So sollte auch zu sehen sein, daß dieser Mann eines Tages in die Knie sank, von mehr Barmherzigkeit und Frieden spricht.«[81]

Die Verbindung mit der Vergangenheit und den Mut zu neuen Schritten drücken beide, Brandt und Meistermann, in ihrer jeweiligen Sprache aus: der eine im Kontext seines politischen Lebens, der andere im Umfeld der Kunst. Kunst und Politik ergänzen sich hier und verfolgen eine gemeinsame Idee.

Persönlichkeiten des öffentlichen Lebens, Politiker, Bürger und die Presse äußerten sich kontrovers. Carl Linfert schätzte die Tragweite des Bildes richtig ein, als er sagte: »[S]icher ist, daß es in den verschiedensten Epochen der Malerei Bildnisse gegeben hat, die nicht nur einen Lebenszustand zeigten, sondern auch den Wechsel, der im Gange war, ja in Spuren sogar das Kommende.«[82] Heinrich Böll und andere Kritiker aus Politik und Kultur dachten ähnlich. Sie lobten das Werk als einen zeitgemäßen Umgang mit dem Problem der Kanzlerdarstellung und betonten, daß es künstlerisch weit über ein bloßes Abbild hinausgehe. Die Wesenszüge Willy Brandts im Bild wurden als »grüblerisch« und »introvertiert« gedeutet.[83] Ein Mitbürger, der das Porträt eine hervorragende Arbeit nannte, bescheinigte Meistermann, Willy Brandt sehr genau und treffend charakterisiert zu haben. Das Markante des Schädels werde betont und zugleich die große Sensibilität deutlich gemacht.[84]

Die breite Öffentlichkeit lehnte das Werk jedoch ab und kritisierte die äußere Erscheinung Brandts. So wurde das Bild des Altbundeskanzlers mit einem Neandertaler verglichen[85], seine Hand als conterganhaft und der Kopf als Frankenstein in Gruselkabinettmanier bezeichnet.[86] Die Urteile waren bösartig und verunglimpfend: »Die blutrünstigen Augen und die geisterhafte Hand hätten besser zu einem Hitler als zu einem Friedensnobelpreisträger gepaßt.« Der damalige Ministerpräsident von Rheinland Pfalz und CDU-Vorsitzende Helmut Kohl äußerte sich zurückhaltender: »Ich würde mir nicht ein profiliertes Porträt von Willy Brandt wünschen, das ist Sache der Künstler, sondern einen anderen, kraftvolleren Bundeskanzler.«[87]

Für die damalige Opposition war das Bild ein Anlaß zur Kritik, nicht nur an dem gemalten Werk, sondern auch am Vorsitzenden der SPD.

Meistermann hatte nicht nur ein außergewöhnliches Bild Willy Brandts geschaffen, sondern eine wichtige Diskussion über das Politikerporträt als Kunstgattung entfacht. Sein Werk entwickelte sich zum Politikum. Das Kunstverständnis der Bevölkerung und vor allem der politischen Lobby war noch stark in alten Denkstrukturen verhaftet. Meistermann hingegen vertrat die Ansicht, das Porträt sei als politischhistorisches Zeugnis der Zeit zu verstehen und müsse sich deshalb von der Politik der Vergangenheit unterscheiden.[88]

Obwohl Willy Brandt im Frühjahr 1976 darum gebeten hatte, sein Porträt in die Kanzlergalerie zu übernehmen, entschied der Chef des Bundeskanzleramtes mit Zustimmung seines Dienstherrn Helmut Schmidt, dieses Werk nicht zu erwerben. 1977 wurde es für 45.000 Mark in einer Kunstausstellung angeboten.[89]

Willy Brandt durfte sein Porträt fünf Jahre nach Vollendung in Empfang nehmen. Der Aufsichtsrat der Bank für Gemeinwirtschaft schenkte es ihm am 14. Mai 1979, nachträglich zum 65. Geburtstag.[90] Im selben Jahr übergab Brandt das Bild der Friedrich-Ebert-Stiftung als Dauerleihgabe, wo es mit seinem Einverständnis zunächst im kleinen Sitzungssaal plaziert wurde.[91] Heute ist das Bild Eigentum der Stiftung und hängt neben den Räumen der Geschäftsführung in Bonn.

Das Bild als Psychogramm

Im Frühjahr 1976 forderte Bundeskanzler Helmut Schmidt seinen Amtsvorgänger auf, ein neues Ölporträt von sich malen zu lassen, um die Lücke in der »Ahnengalerie«, die zwischen Kurt Georg Kiesinger und Schmidt klaffte, zu schließen.

Zwei Jahre später, als die Diskussionen um das Meistermann-Porträt nahezu verstummt waren, regte Willy Brandt zunächst an, das Bild doch noch in die Kanzlergalerie einzufügen. Aber man legte ihm nahe, sich von einem anderen Künstler wie Günter Rittner abbilden zu lassen, der bereits zwei Gemälde für die Sammlung geschaffen hatte. Brandt lehnte ab. Sein ausdrücklicher Wunsch lautete, ein zweites Mal von Georg Meistermann gemalt zu werden. Als dieser kurze Zeit später zu Helmut Schmidt bestellt und von ihm gebeten wurde, ein »ähnliches« Bild zu malen, brach der Künstler das Gespräch ab und riet dem Kanzler, es doch mit einer Fotografie zu versuchen.[92]

Am 24. Februar 1977 gab das Bundeskanzleramt schließlich nach und beauftragte Georg Meistermann mit einem zweiten Porträt Willy

Abbildung 24
Willy Brandt während einer Modellsitzung
mit Georg Meistermann, Juni 1977

Brandts für die Bonner Kanzlergalerie.[93] Brandts Hartnäckigkeit zeigt deutlich, wie sehr er den Künstler und sein Werk schätzte.[94]

Während der ersten gemeinsamen Sitzung im Mai fertigte Meistermann eine Kohleskizze an, um sie später in Farbe auszuarbeiten. Bereits in diesem Stadium war klar, daß das Bild ein Brustbild sein sollte. Zwischen Mai und Ende Juni 1977 stand Willy Brandt dem Künstler sechs Mal Modell: an einem Stehpult lesend, schreibend. Am Fernseher verfolgte er Bundestagsdebatten und unterhielt sich mit Meistermann in entspannter Atmosphäre.[95] (Abb. 24, S. 109) (Szenen im Atelier, S. 107, 108, 109)

In der ersten Sitzung fragte Willy Brandt einmal: »Soll ich die Brille abnehmen?« Meistermann antwortete: »Da können Sie ja nicht arbeiten.« Brandt erwiderte: »Das macht nichts. Wir können uns auch unterhalten. Ich muß nicht immer arbeiten.«[96]

In der Zeit zwischen den Sitzungen arbeitete Meistermann alleine an seinem Werk in einem provisorischen Bonner Atelier. Klaus-Henning Rosen, ehemaliger Büroleiter Willy Brandts, verfolgte die gesamte Entwicklung des Porträts und besuchte den Künstler oft. Während Meistermann malte, unterhielten sie sich über die politische Szene in Bonn und natürlich besonders über Brandt. Dabei bemerkte Meistermann, daß der Zeitpunkt, Brandt zu malen, genau richtig sei. Von Brandt hatte er den Eindruck, daß er den Schock des Rücktritts überwunden habe.[97]

Noch 1977 wurde das Bild fertig. Meistermann wählte bei diesem Porträt eine breitere Leinwand als beim ersten Mal, auf welcher Willy

Brandt frontal dargestellt ist und fast die gesamte Bildfläche einnimmt. (● Abb. 25, S. 121) Es gibt Abschnitte, wo die Farben in Schichten aufliegen und rissig wirken. Im Gegensatz zum ersten Brandt-Porträt bleibt der Hintergrund jetzt zurückgesetzt. Er wird durch eine überwiegend grün pastöse Zone in der linken oberen Ecke und eine rote Farbzone im rechten Teil des Bildes bestimmt. In Brandts Rücken schichtet sich eine schwarze Fläche auf, die nach der Überarbeitung im Jahr 1984 kantiger wirkt. Farbe und Struktur von Gesicht und Hals gehen in den Hintergrund über. Meistermann behält seinen alten Malstil bei und trägt die Farben übereinander auf, jedoch werden seine Striche im Vergleich zum ersten Porträt feiner, geordneter. Das lebendige Gewirr von Strichen verschwindet. Die größeren Farbflächen wirken auf den Betrachter sehr viel ruhiger. Willy Brandt steht an einem Pult, hält einen Stift in seiner rechten Hand und schreibt auf ein weißes Blatt Papier, das er mit seiner linken fixiert. Der Blick richtet sich durch den Betrachter hindurch ins Leere. Die Augen sind klein und dunkel und werden mit kräftigen roten Farbtupfern umrandet. Die Nase tritt in der Fläche zurück. Der Kopf, schmal und langgezogen, endet in einer hohen Stirn; die schwarzen Konturen der Haare grenzen ihn vom Hintergrund scharf ab. Die Veränderung im zweiten Porträt wird besonders durch die Kleidung deutlich: Jackett und Hemd haben weder Kragen noch Knöpfe. Die Kleidung bildet eine einheitlich glatte, dunkelblaue Fläche, in deren Mitte keilförmig das weiße Hemd mit angedeuteter Krawatte hervortritt. In der Nachbesserung 1984 arbeitete Meistermann diese Partien noch deutlicher heraus. Dabei wollte er das Bild nicht mit unwesentlichen, für ihn unwichtigen Attributen verschönen, um nicht vom Eigentlichen abzulenken. (■ Abb. 26)

Fünf Jahre liegen zwischen den beiden Gemälden. Und wieder wird deutlich, wie sehr es Meistermann darum geht, nicht ein statisches Porträt oder eine oberflächliche Momentaufnahme zu schaffen, sondern etwas über die Person und deren lebendiges, handelndes Wesen auszudrücken, eben keine leere Hülle abzubilden, sondern das nicht Sichtbare, Menschliche festzuhalten, das Innere nach außen zu kehren.

Meistermann verarbeitete die Geschehnisse in Brandts Leben der letzten Jahre. Einerseits soll das Bild einen Politiker zeigen, der Reformen eingeleitet hat. Andererseits zeichnen sich jene Belastungen und Probleme ab, die Brandt durchleben und durchleiden mußte. Meistermann dazu: »Ich habe Brandt nach der Guillaume-Affäre in einer kritischen Situation vorgefunden, eigentlich wenig geeignet, porträtiert zu werden.«[98] Im Porträt wird dies deutlich an seinem leeren Blick, den blassen Gesichtskonturen und der zurückgesetzten, schmal wirkenden Statur.

Nach flüchtiger Betrachtung wurde auch das zweite Kanzlerporträt Meistermanns von vielen abgelehnt, was sich – wie beim ersten Bild –

● Abbildung 25

■ Abbildung 26
Willy Brandt vor seinem zweiten Porträt
von Meistermann, 13. Januar 1978

nicht nur gegen den Maler richtete, sondern ebenso gegen den Porträtierten. Dabei gab es auch kritische Kommentare aus der SPD, zu denen Brandt Stellung nahm: »Ein Parteivorsitzender ist nicht zuständig für das Kunstverständnis derer, die sich über Kunst äußern, schon gar nicht für das von Mitgliedern seiner Partei. Verletzen konnten mich ablehnende Urteile allenfalls, wenn man das Gefühl hatte, hier werde nicht über das Bild oder den Maler geurteilt, sondern hier solle dem Porträtierten eins ausgewischt werden. Gelegentlich hat mich die Schnelligkeit von Urteilen verwundert. Aber es ist ja nicht ungewöhnlich, dass sich Leute zu Dingen äußern, mit denen sie sich nicht wirklich vertraut gemacht haben. Meistermann hat für das Bild mehr als ein Jahr gebraucht. Viele derer, die es ablehnten, haben nach meinem Eindruck nur beiläufig darauf geschaut und meinten, dann schon sicher urteilen zu können. Etwas mehr Respekt, ja, auch Demut gegenüber der Leistung eines anderen Menschen würde uns in manchen Zusammenhängen gut bekommen.«[99]

■ Abbildung 27
Willy Brandt und Helmut Schmidt bei der Übergabe des zweiten Kanzlerporträts von Meistermann, 20. Februar 1978

■ Abbildung 28

Brandt schätzte übrigens auch andere Werke Georg Meistermanns. 1977 besuchte er die Galerie Hennemann in Bonn, wo er vom Künstler persönlich durch seine Ausstellung geführt wurde.[100] Der Kontakt zwischen den beiden riß nie ab, was zahlreiche Schriftwechsel belegen. (▶ Dok. S. 167, 169) Bis 1999 hing in der Diele von Brandts Unkeler Wohnhaus das abstrakte Gemälde »Schwingen«. Heute kann man es in der Vorstandsetage der Friedrich-Ebert-Stiftung im neuen Berliner Haus sehen.

Anfang 1978 wurde das zweite Meistermann-Porträt vom Kanzleramt übernommen. Ein Ministerialdirigent, der sich um den Transport kümmerte, gab deutlich zu erkennen, daß ihm das Werk nicht gefiel. Bei einem Fototermin am 20. Februar 1978 wurde es in Anwesenheit von Bundeskanzler Schmidt, Brandt und Meistermann der Öffentlichkeit vorgestellt. (■ Abb. 27) Die Presse kommentierte: »Brandt in Öl und ohne Nase«[101], »ein Willy Brandt ohne Konturen für 35.000 Mark«[102], »Ölbild nach Säureanschlag«.[103] Helmut Schmidt beanstandete: »Willy, Du hast ja gar keinen Schlips an«, worauf Meistermann spontan reagierte: »Herr Brandt hat eben eine weiße Weste.«[104]

Dieses Unverständnis für ein in Ansätzen abstraktes Porträt finden wir bereits bei dem 1968 von Peter Heckenrath gemalten Theodor Heuss. (■ Abb. 28) Heuss bemängelte, daß Heckenrath die Anzugknöpfe weggelassen habe, woraufhin dieser spontan erwiderte: »Ich male Köpfe, nicht Knöpfe.«[105]

Die Fachwelt lobte Meistermanns abstraktes Brandt-Porträt. Der Kunsthistoriker Justus Müller-Hofstede bezeichnete es als eine »bedeutungsvolle« Darstellung, die sich nicht der »Sklaverei der Ähnlichkeit« unterwerfe und den Maler nicht zum »Mechaniker« mache.[106] Horst Pitzen, ein Mitarbeiter aus dem Bundeskanzleramt, der die Ereignisse damals mitverfolgte, berichtete: »Das psychographische Brandt-Porträt hat in der Gegenwartskunst einen festen Platz. Es ist ein künstlerisch hochwertiges Gemälde, was auch schon damals in den Kunstkreisen so gedeutet wurde.«[107]

Der Traditionalist Oswald Petersen

Als das realistische Brandt-Porträt von Oswald Petersen in die Kanzlergalerie eingegliedert werden sollte, stellte der Regierungssprecher der CDU Boenisch 1985 fest: »Mit ihnen« – gemeint sind die Gemälde: Adenauer, gemalt von Kallmann, Erhard und Kiesinger, gemalt von Rittner – »hat das Brandt-Bild gemein, daß es so realistisch ist, wie's die Leute am liebsten haben: wenn nämlich der eigene Hund davor bellt.«[108]

Der ehemalige Ministerpräsident Heinz Kühn, von Petersen bereits selbst einmal porträtiert, hatte Willy Brandt den Künstler »wärmstens« empfohlen. Fünfmal saß Brandt dem Düsseldorfer Petersen Modell.[109] Zwischen beiden herrschte gutes Einvernehmen, was in ihren Briefen deutlich wird. (▶ Dok. S. 171, 172) Brandt äußerte sich jedoch nicht zu seinem Konterfei.

Oswald Petersen, geboren 1903 in Düsseldorf, steht in der Tradition einer spätimpressionistischen Malweise. Er begann seine akademische Laufbahn von 1923 bis 1933 an den Kunstakademien Düsseldorf, München und Paris. Als Mitglied der »Rheingruppe« 1931/32, der Rheinischen Sezession und der Neuen Rheinischen Sezession verfestigte sich seine Spielart des Impressionismus, die er auch als Mitglied des Deutschen Künstlerbundes 1960 beibehielt. Diesem Stil blieb er sein Leben lang treu. Der Künstler bemerkte, daß er der »Primitive einer neuen Kunst« sei und zugleich versuche, aus dem Impressionismus »etwas Festes und Beständiges zu machen, wie die Kunst der Museen«.[110] Seit 1934 lebte Petersen, der sich als Rheinländer fühlte, in Düsseldorf. Neben Landschaften malte er hauptsächlich Porträts in akademischer Tradition.[111]

Willy Brandt wird in einem sitzenden Kniestück dargestellt. (● Abb. 29, S. 115) Der Betrachter schaut zum Porträtierten hinauf. Brandt, auf drei Seiten von einem breiten Hintergrund eingerahmt, wirkt distanziert. Er sitzt aufrecht, das rechte Bein über das linke geschlagen, in einem Empire-Sessel. Die Arme sind auf den Lehnen aufgelegt, in seiner linken Hand hält er ein Schriftstück. Der leicht von der Seite

● Abbildung 29

■ Abbildung 30
Bundespräsident Walter Scheel während einer
Modellsitzung mit Günter Rittner, 1975

dargestellte Staatsmann blickt konzentriert zum Betrachter und wird mit ergrautem Haar und rosiger Gesichtsfarbe gezeigt. Die in Falten geworfene dunkelblaue Kleidung mit offenem Jackett versucht, die gestellte Pose des Demokraten lässiger erscheinen zu lassen. Der Hintergrund ist in drei vertikale Felder geteilt. Mit breitem Pinselstrich trug Petersen die Farben Rosa, Rot und Gelb auf. Das Verhältnis von Künstler und Modell trat bei dem Werk Oswald Petersens in den Hintergrund. Der Künstler porträtierte Willy Brandt in historischer Manier, er versuchte nicht, wie Meistermann es tat, ein psychologisches Innenbild anzufertigen. Er brauchte sich daher nicht mit Brandts persönlichem Werdegang und seinen inneren Empfindungen zu beschäftigen. Der Prominentenmaler Petersen deutete sein Modell im Werk nicht; er bildete es nur ab und erfüllte damit die Erwartungen des Bundeskanzleramts.

Das Bestreben des Malers war, möglichst authentisch zu sein, wie man an diesem Altersporträt unschwer erkennen kann. Dennoch sparte Petersen die »Schrecken und Probleme« der Epoche aus, setzte dem »Häßlichen, Bösen, Misanthropischen« das »Schöne, Heitere, Festliche« entgegen. Er verzichtete auf Dramatik und gab seinen Bildern eine leuchtende Farbigkeit.[112] Das Resultat seiner Arbeit war eine repräsentative Darstellung Willy Brandts als Jahrhundertgestalt – gealtert zwar, aber immer noch agil.

Oswald Petersen betonte in seinen Lebenserinnerungen immer wieder seinen Respekt vor der Tradition und seine genaue Kenntnis des Handwerks, ohne aufdringlich zu belehren. Er porträtierte Brandt und die vielen anderen Persönlichkeiten aus einer jahrzehntelang gewachsenen Stilüberzeugung heraus, ohne sich absichtlich dem Geschmack der Auftraggeber anzupassen.

Diese Darstellungsweise findet man auch bei zwei Porträts des damaligen Bundespräsidenten Walter Scheel wieder. Das erste (■ Abb. 30) malte Günter Rittner im Jahr 1975: ein Kniestück, auf dem Walter Scheel in einem Sessel aus dem 19. Jahrhundert sitzt. Das zweite Scheel-Porträt stammt von dem Dortmunder Künstler Harald Becker; es reiht sich problemlos in dieses Schema ein. (■ Abb. 31) Becker gibt seinem Repräsentationsporträt den letzten Schliff durch eine Insignie: Zu Füßen des Bundespräsidenten liegt auf einem flachen Glastisch das Bundesverdienstkreuz. Walter Scheel sagte dazu ganz unverblümt: »Mon Dieu, so ein Schmarrn«. Er sah sich hier als »jovialen besseren Herrn im Ohrensessel, das Bundesverdienstkreuz griffbereit auf dem Glastisch«. Das Gemälde von Harald Becker verschwand im Abstellraum des Bundespräsidialamtes.[113] Walter Scheel betonte, daß ein gemaltes Bild gar nicht »so sehr ähnlich« zu sein brauche. »Sonst könnte man ja gleich ein Photo nehmen.«[114]

Eine vergleichbare Auftragsarbeit, die einen Spitzenpolitiker in realistisch-schöner Manier zeigt, ist die Darstellung des damaligen amerikanischen Außenministers Henry Kissinger von J. Anthony Wills aus Houston. (■ Abb. 32) Kissinger äußerte sich lobend: »Die Ähnlichkeit ist vortrefflich, die Überheblichkeit und alles andere stimmt, es macht auch nichts, daß Wills das Zepter übermalt hat.« Um die Ähnlichkeit zu demonstrieren, ließ sich Kissinger vor dem Porträt fotografieren.[115]

■ Abbildung 31

Der Bildertausch

Helmut Kohl, Chef einer neuen konservativen Regierung, gab bereits im Herbst 1982 zu erkennen, daß er das Meistermann-Bild abhängen[116] und durch ein realistisches Porträt ersetzen lassen wolle.[117]

Georg Meistermann konnte Kohls Reaktion nicht recht nachvollziehen, da er mit dem neuen Bundeskanzler schon viele Jahre in einem freundschaftlichen Verhältnis stand. Meistermann bezeichnete den Bildertausch als »trostlos« und sagte: »Was ich traurig finde, ist, daß die Politikerporträts, die bereits im Kanzleramt hängen, jetzt zum Maßstab werden dafür, wie andere Bilder gemalt werden müssen.«[118] Noch unverständlicher war, daß Meistermann Anfang 1985 eine Einladung zur Ausstellungseröffnung »Abstrakte Maler der inneren Emigration« in das Kanzleramt erhielt. Er war der einzige noch lebende Künstler, von dem Werke in der Ausstellung zu sehen waren.[119]

■ Abbildung 32

Die Porträtmalerei Meistermanns wurde abgelehnt, seine übrigen abstrakten Werke jedoch verehrt. Die Frage nach den Gründen, die Helmut Kohl bewogen haben mögen, das eigenwillige Brandt-Porträt den Blicken der Öffentlichkeit und der Staatsgäste zu entziehen, kann vielleicht ein »Schlüsselereignis« veranschaulichen. Hans-Peter Gärtner, Leiter der Pressestelle im Bundeskanzleramt, berichtete von einem »Vieraugengespräch« zwischen Helmut Kohl und François Mitterrand: Kurz nach dem Regierungswechsel 1982 zeigte Kohl auf dem Weg zu einer Besprechung im größeren Kreis seinem Gast die Kanzlergalerie. Flüchtig musterte Mitterrand die Bilder der Altkanzler. Er blieb verwundert vor der Darstellung Brandts stehen. Mitterrand, der ein sehr enges und freundschaftliches Verhältnis zu Brandt hatte, bemerkte, daß Brandt auf dem Bild so schlecht zu erkennen sei.[120]

Auch andere Besucher fragten oft: »Wer ist das?«[121] In einem eigens für Journalistenfragen angefertigten Papier des Bundeskanzleramtes zur Kanzlergalerie wird unter dem Punkt »zusätzliche Fragen« vermerkt: »Prof. Dr. Meistermann ist frühzeitig unterrichtet worden. Das künstlerische Werk von Prof. Meistermann ist kürzlich durch den Bundeskanzler im Rahmen der Ausstellung ›Abstrakte Maler der inneren Emigration‹ im Kanzleramt gewürdigt worden. Im übrigen hat Bundeskanzler Kohl dem Altbundeskanzler Willy Brandt zu seinem 70. Geburtstag ein Meistermann-Gemälde geschenkt.«[122] Diese Rechtfertigungsversuche lassen erkennen, wie unsicher das Kanzleramt im Umgang mit progressiver Porträtmalerei war.[123]

Fest stand: Der zweite Meistermann wird ausgetauscht. Die offizielle Begründung der Bundespressestelle lautete: »Bundeskanzler Helmut Kohl und Altbundeskanzler Willy Brandt hatten ein Einvernehmen erzielt, daß das Meistermann-Porträt stilistisch einen so eigenen Charakter hat, daß es sich in den Rahmen der vorgegebenen Porträts ehemaliger Bundeskanzler nur schwer einordnen läßt«.[124] Inzwischen war mit Willy Brandts Zustimmung ein neues Bild bei dem 82jährigen Oswald Petersen in Auftrag gegeben worden.

Zur gleichen Zeit erbat Meistermann sein Porträt »noch einmal zur Anschauung« zurück.[125] Kurz entschlossen änderte der Künstler einige Details. Er verstärkte die Konturen, gab durch mehr Rot dem Gesicht einen stärkeren Ausdruck, die Haare wurden kräftiger und die linke Schulter weniger kantig gestaltet. Meistermann brachte es im Dezember 1984 wieder ins Kanzleramt zurück. Er begründete seine Nachbesserung damit, daß Brandt, als er ihm seinerzeit Modell saß, »ziemlich angeschlagen, kurz vor seinem Herzinfarkt, ausgebrannt wie ein Vulkan« gewesen sei. Nun zeige Brandt sich »ausgeglichen« und »positiver«.[126] Das ganze Bild sei jetzt »konzentriert«, so Meistermann.[127] Den Rat von Freunden, keine Zugeständnisse zu machen und sich nicht dem

»Pinschergeschmack« anzupassen, befolgte Meistermann nur halbherzig.[128]

Auch nach der Überarbeitung befand die Presse, daß das Ölbild im Vergleich zu den anderen Kanzlergemälden stilistisch immer noch aus dem Rahmen falle, unkenntlich, leblos, blaß sei und eher einem apokalyptischen Reiter gleiche.[129]

Nachdem es im Juni 1985 ausgetauscht worden war, hing das Porträt in einem für Gäste unzugänglichen Bereich der Kabinettsetage über einer dunkelgrünen Polstergarnitur – am Durchgang vom Kanzler- zum Abteilungsbau.[130] Nach einer »Schamfrist«, die helfen sollte, Diskussionen um den Austausch zu vermeiden, wurde das Porträt auf Wunsch des nordrhein-westfälischen Ministerpräsidenten Johannes Rau zunächst in dessen Arbeitszimmer[131], später im Kaminzimmer der Bonner Landesvertretung von Nordrhein-Westfalen aufgehängt.[132] Die Kompromißformel des Kanzleramts lautete: »Das Gemälde bleibt an einer seiner Bedeutung entsprechend repräsentativen Stelle in Bonn«.[133]

Willy Brandt erklärte sich schließlich bereit, dem Willen der neuen Bundesregierung nachzugeben.[134] Aus dem Kreis des SPD-Parteivorsitzenden verlautete, daß Brandt nach jahrelangem Streit um die Einbindung des avantgardistischen Porträts in das Kanzleramt resigniert habe. Er selbst bemerkte (nicht ohne Sarkasmus), daß ein »ähnliches Bild« für die, die an der Galerie des Bundestages vorbeikämen, besser geeignet sei.[135]

Der Kunsthistoriker Justus Müller-Hofstede verstand nicht, warum Brandt sich darauf eingelassen hatte: »Es ist eine ärgerliche Maßnahme und große Enttäuschung, daß die konventionelle Darstellung über die künstlerische gesiegt hat.«[136]

Auseinandersetzungen zwischen Kunst und Politik waren nichts Neues. Es gibt sie in jeder Epoche. 1906 und 1907 waren beispielsweise zwei Rathenau-Porträts von Edward Munch entstanden, die die psychische Befindlichkeit und typischen Momente des Politikers widerspiegeln. (■ Abb. 33) Die Bilder entfachten eine Diskussion, welche die Kluft zwischen dem akademischen Kunststil eines Anton von Werner einerseits und der neuen Stilentwicklung Edward Munchs zum Expressionismus andererseits aufzeigte: »Je mehr sich die Kunst an die Probleme der Wirklichkeit herantastete – damit ist nicht eine platte Form von Abbildhaftigkeit gemeint – und als Widerspiegelungsfaktor gesellschaftlicher Befindlichkeit fungierte, um so mehr entfernte sie sich von dem potentiellen Käuferkreis – dem Bürgertum und dem Staat.«[137]

Dieser Zwiespalt ist sieben Jahrzehnte später in den Willy-Brandt-Porträts von Meistermann in ähnlicher Weise spürbar und zeigt, daß viele aus der Bevölkerung und dem Umfeld der Politik das verfremdete Porträt ablehnen und am traditionellen akademischen Porträt festhal-

■ Abbildung 33

ten. Die »Zeit« wertete Brandts Entscheidung, von Meistermann für die Kanzlergalerie gemalt zu werden, als ein »kunstpolitisches Signal«.[138] Brandt und Meistermann hatten eine längst überfällige Auseinandersetzung um die Sichtweise des Kanzlerporträts entfacht und damit eine Neuorientierung möglich gemacht.

1986 schrieb Willy Brandt an Georg Meistermann: »Ich wünsche Ihnen weiterhin ungebrochene Schaffenskraft, (...) und jene Portion Gleichmut, die Unabhängigkeit schafft. Wie nötig dies ist, mag ihnen auch die Kontroverse in den letzten Jahren um die beiden Porträts, die Sie von mir gemalt haben, wieder vor Augen geführt haben. Bei aller Unabhängigkeit, die man zu besitzen glaubt, weiß ich, wie sehr solche Diskussionen wehtun können.«[139] (▸ Dok. S. 175)

5 Der künstlerische Konsens

»Ach, so wollen Sie das also machen!«
(Willy Brandt zu dem Maler Manfred Bluth)

Die Galerie der Ehrenbürger von Berlin

Neben der Kanzlergalerie entstand im Berliner Senat eine andere, sehr viel umfassendere Porträtsammlung: die Galerie der Ehrenbürger von Berlin, die traditionelle und moderne Werke in sich vereinigt. Bis 1993 war sie im Rathaus Schöneberg beheimatet. Im April 1993 zog das Berliner Parlament in das Gebäude des ehemaligen Preußischen Landtages um.

Heute umfaßt die Galerie neununddreißig Ölgemälde, die rund um den Plenarsaal angeordnet sind. Insgesamt hundertundacht bedeutenden Persönlichkeiten aus Politik, Wirtschaft, Forschung, Literatur, Musik, Architektur und Kunst wurde seit 1813 die Ehrenbürgerwürde, die höchste Auszeichnung der Stadt, zuteil. Neben Gebhard Leberecht von Blücher (1742–1819), Alexander Freiherr von Humboldt (1769–1859), Fürst von Bismarck (1815–1898), Max Liebermann (1847–1935), Heinrich Zille (1858–1929) und Anna Seghers (1900–1983) sind hier auch sämtliche Bundespräsidenten vertreten. Vorgaben seitens des Hauses gibt es nur in bezug auf die Anschaffungskosten. Die letzten Bilder durften einen Preis von 25.000 Mark nicht überschreiten. Einige Porträts sind Leihgaben von Museen und Privatleuten.

In der Auswahl der Künstler und Malstile ist die Sammlung spannungs- und abwechslungsreich. Beispielsweise ist dort das Karajan-Porträt von Walter Muth (● Abb. 34, S. 122) neben dem streng zurückhaltenden Heinemann-Bild von Peter Heckenrath zu finden, ferner der von Bernhard Franke 1980 im Stil des späten sozialistischen Realismus gemalte russische Kosmonaut Waleri Fjodorowitsch Bykowski, der zusammen mit seinem deutschen Kollegen Sigmund Jähn in einer Raumkapsel im All sitzt. 1973 malte Manfred Bluth ein Willy-Brandt-Porträt im Auftrag des Regierenden Bürgermeisters Klaus Schütz. Eine zweite Arbeit dieses Künstlers von 1979 stellt Walter Scheel dar.[140]

Zu den modernen Vertretern der Sammlung gehört Johannes Grützke, er porträtierte Shepard Stone (1984), den Begründer des Berliner Aspen-Institutes, und Richard von Weizsäcker (1992) im Stil des

Abbildung 34–36

kritischen Realismus. (Abb. 35, S. 122) In parodistischer Weise verzerrte er ihre Gesichter.

Konservative Porträts machen etwa zwei Drittel der Sammlung aus, so von den Malern Friedrich Ahler-Hestermann, Alexander Camaro, Heinrich Alexander von Luckner oder auch Helga Tiemann, die Hans Reif malte (Abb. 36, S. 122). Sie lassen sich vom künstlerischen Gestus her durchaus mit den Werken der Kanzlergalerie vergleichen. Aber gerade das Wechselspiel unterschiedlicher Künstler gibt der Berliner Sammlung eine Dynamik ganz eigener Art. Besonders die jüngsten Porträtarbeiten lassen dies deutlich erkennen. Nebeneinander plaziert hängen Bilder von Michail Gorbatschow und Ronald Reagan. Der amerikanische Präsident wurde von Henry Casselli stehend und fotografisch exakt im akademischen Stil dargestellt. Michail Gorbatschow, der letzte Partei- und Staatschef der Sowjetunion, wurde von dem in Berlin lebenden russischen Avantgardekünstler Evgenij Kozlov gemalt, in einem Sessel sitzend und auf eine Wolke gebettet.[141]

Manfred Bluth – Vertreter der Neuen Sachlichkeit

Manfred Bluth wurde 1926 in Berlin geboren. 1942 studierte er Kunst in Berlin und war 1950 Meisterschüler von Willi Geiger. Von 1974 bis 1992 unterrichtete er Malerei an der Gesamthochschule Kassel im Fachbereich Kunst. Als Vorsitzender des 1993 gegründeten Künstlersonderbundes in Deutschland setzte er sich für die realistische Malerei ein.

■ Abbildung 37

Der heute freischaffende Künstler zeigte zuletzt seine »Berliner Porträts und europäische Landschaften« in der Kommunalen Galerie in Berlin.[142] (■ Abb. 37)

Sein Brandt-Bildnis hängt als erstes Gemälde der Berliner Galerie im rechten Hauptgang zum Plenarsaal. Willy Brandt wurde 1970 zum Ehrenbürger Berlins ernannt. In seiner Urkunde heißt es, daß er »in entscheidenden Stunden durch eine klare und mutige Haltung« seinen Mitbürgern »ein Beispiel für Selbstvertrauen gegeben hat, das notwendig war, um Krisen zu überstehen«. Ihm ist es zu verdanken, daß West-Berlin seine »Lebensfähigkeit« aufrecht erhalten konnte. Als Außenminister und Bundeskanzler konnte er dieses Ziel besonders nachdrücklich verfolgen.[143] In Manfred Bluths Gemälde (● Abb. 38, S. 123) sitzt Willy Brandt auf der Teehaus-Terrasse des Palais Schaumburg, oberhalb des Rheins. Der Bundeskanzler wird in strenger Profilansicht in einem ganzen Kniestück gezeigt. Er sitzt auf einem Klappstuhl aus Bambusrohr und hat das linke Bein über das rechte geschlagen. Die Hände sind gefaltet und ruhen auf dem linken Oberschenkel. Der starre Blick ist nach innen gerichtet und geht seitlich aus dem Bild heraus. In realistischer Manier bildete Bluth sein Modell ab, indem er Brandt von Kopf bis Fuß fast regungslos positionierte. Die ausgeprägten Gesichtszüge, hervorgehoben durch dünne Striche, wirken angespannt, seine Körperhaltung verkrampft. Im Hintergrund türmt sich ein Wolkenspiel über dem Bonner Rheinlauf. Mit der detailgetreuen Landschaft und dem »Langen Eugen« am rechten Bildrand verbildlicht Manfred Bluth die politische Hauptstadt.[144] »Die Teehausterrasse mit dem Mäuerchen und der niedrigen Brüstung«, so der Künstler, »wollte ich detailgetreu wiedergeben, da sich Brandt dort gerne zur Entspannung zurückzog«. Mit der naturalistischen Darstellung und der Pose des Modells reiht sich Manfred Bluth in die konservative Repräsentationsmalerei ein.

Bluth übernimmt die »demokratische« Sichtweise von Ernst Fritsch und bedient sich in Ansätzen des kühlen deutschen Malstils der Neuen Sachlichkeit. »Die Neue Sachlichkeit in dem Brandt-Porträt«, so Manfred Bluth, »spielt sicherlich eine Rolle. Brandts starrer Blick und seine Abwesenheit, ebenso der einfache Klappstuhl, den ich immer als Kanzlerfeldstuhl-Sonderanfertigung bezeichne, sind hierfür die Merkmale.«[145] Mit seinem Brandt-Porträt schafft Bluth eine »emotionsferne« Abbildung seines Modells.

Voller Ironie kommentierte das Zeit-Magazin: Bluth »porträtierte den damaligen Kanzler (...) auf einem Klappstuhl sitzend, als könne man ihn als Monument auf der Bonner Teehausterrasse gleich in Bronze gießen«.[146]

Die Sitzungen fanden im kleinen Teehaus des Palais Schaumburg statt. Im Mai 1973 traf Bluth den Kanzler und fertigte Skizzen an. Im

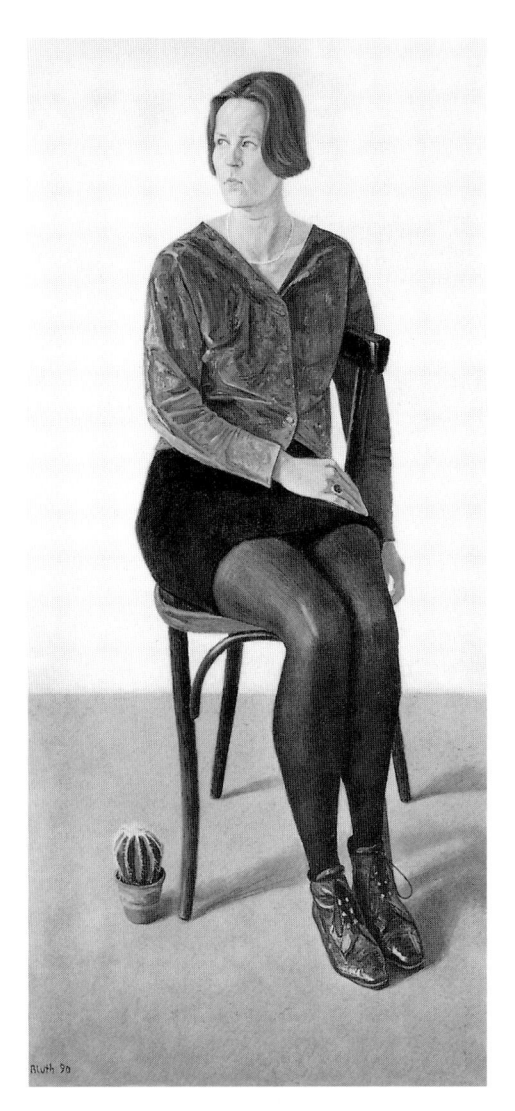

● Abbildung 38

■ Abbildung 39
Willy Brandt während einer Modellsitzung mit Manfred Bluth auf der Teehausterrasse des Palais Schaumburg, 1973

September des Jahres präsentierte er seine Vorarbeit. Brandt stellte sich vor das unfertige Bild und sagte: »Ach, so wollen Sie das also machen!« Ansonsten äußerte er sich in Anwesenheit des Künstlers nicht.[147]

Der Porträtist meinte damals: »Der Kanzler ist kein ruhiger Kunde. Er ist zappelig. Willy Brandt empfand das Stillsitzen als Pflichtübung.«[148] Ein Foto zeigt Willy Brandt und Manfred Bluth bei der Sitzung im August 1973. (■ Abb. 39) Brandt hat die Augen geschlossen, die Arme sind verschränkt. Diese Fotografie dokumentiert das zurückhaltende Verhältnis zwischen den beiden. Meistens schwieg Brandt bei den Sitzungen mit Bluth, während er mit Georg Meistermann stets angeregt diskutierte.[149]

Manfred Bluth durfte den Kanzler bei der Aktendurchsicht studieren. Er bemerkt dazu: »Brandt war kein Freund der Akten, er konnte sich nicht lange damit beschäftigen. Ich hatte während der Arbeitssitzung immer das Gefühl, dass sich Brandt in seiner Haut nicht wohl fühlte. Er war nervös und mir gegenüber unwillig, erst ab Mittag konnte man ihn ansprechen. Vielleicht lag es auch daran, daß er gerade aufgehört hatte zu rauchen.«[150]

Die Werke der beiden Maler Petersen und Bluth lassen erkennen, daß die Prominentenmalerei mit einer allgemein bekannten, konservativ-traditionellen Formensprache arbeitet. Ihre »Botschaft« ist für jeden Betrachter leicht verständlich und vermittelt Kultiviertheit und bürgerliche Gediegenheit. Der Künstler setzt auf das geschönte realistische Abbild und erfüllt damit einen vorgegebenen Auftrag. Seine individuelle Handschrift tritt fast gänzlich in den Hintergrund. Der Porträtierte wird nicht künstlerisch gedeutet, weshalb das Gemälde – ähnlich wie bei Fotografien – mit dem Maler kaum in Verbindung gebracht wird. Anders verhält es sich mit Kokoschka oder Meistermann: Hier malt ein prominenter Künstler einen Prominenten, wobei eine Art »Seelenwanderung« stattfindet. Das »sympathische Abbild« grenzt sich somit von der avantgardistischen Porträtkunst ab. Auffallend ist, daß Petersen und Bluth zwar eine wichtige Person des politischen Lebens dargestellt haben, nicht aber »gleichzeitig und zwangsläufig die Kunst dieser Zeit«.[151]

6 Porträts der Avantgarde

»Pop Art will ohne jede Illusion
die Dinge selbst zu Wort kommen lassen.«
(Andy Warhol)

Andy Warhol – Pop Art meets politics

»Ein Warhol-Porträt ist aus einer anderen Welt: Das 20. Jahrhundert ist Werbung, ist Eastman Colour, ist Marketing und Society.«[152]

Andy Warhol wurde 1930 in den USA in Philadelphia geboren. Seine künstlerische Ausbildung erhielt er am Painting und Design Department des Carnegie Institute of Technology in Pittsburgh, wo er von 1945–49 Pictorial Design studierte. Danach arbeitete er als Werbegrafiker in einer New Yorker Schuhfirma, als Illustrator für verschiedene Magazine und richtete mit seinen eigenwilligen Ideen elegante New Yorker Schaufenster ein. Die Personalisierung alltäglicher Medien und Gegenstände wurde zu seinem Markenzeichen und bescherte ihm erste große Erfolge – die berühmten Schuhe von Elvis Presley (1956) sind ein schönes Beispiel dafür.

Ab 1961 schuf er Schablonenbilder von Geldstücken und Campbell-Suppendosen. Er spezialisierte sich auf die Reproduktion des Gewöhnlichen, wie zum Beispiel von Schreibmaschinen und Telefonen. Der »Anti-Künstler« gehörte zu den Exponenten der vielumstrittenen »Pop Art«. Mitte der sechziger Jahre gründete er seine »Factory«, eine Art Kunstkommune. Es entstanden unzählige Siebdrucke, Ölbilder, Plakate, Objekte und Happenings. Sie waren Symbol der amerikanischen Gegenwartskultur und ein Ausdruck künstlerischer Rebellion gegen die multimediale Massengesellschaft. Nach einer langen Periode als Filme- und Theatermacher kehrte er Mitte der siebziger Jahre wieder zur Malerei zurück.

Einen Großteil seines künstlerischen Schaffens widmete Andy Warhol den bekannten »Superstar«-Porträts. In den sechziger Jahren begann er, Bildserien von bekannten amerikanischen Filmgrößen wie Marilyn Monroe (1967) oder Elizabeth Taylor (1964) herzustellen, bannte unzählige Stars auf Papier und Leinwand. Er wollte damit einerseits die Unsterblichkeit des »amerikanischen Traums« und seiner Idole dokumentieren, andererseits ihre Tragik mit den Mitteln der Massenreproduktion und Technik veranschaulichen: Marilyn Monroe auf dem Weg vom Kind zum geschundenen Sexsymbol; Elizabeth Taylor als höchstbezahlter Hollywoodstar, der ständige private und gesundheitliche Probleme hatte; Elvis Presley als hysterisch gefeiertes Idol, das mit Depressionen kämpfte. Andy Warhol, der beide Seiten dieser Persönlichkeiten in seinen Bildern verarbeitete, baute auch um sich selbst eine Scheinwelt auf. In den Bildern der Stars erkannte er sich wieder.

Bis 1986 porträtierte der »Boß« einer Werkstatt mit 18 Angestellten aus allen handwerklichen Branchen neben Popstars wie den Beatles (1980) und Michael Jackson (1984) auch Herrscher wie Friedrich den Großen (1986), Lenin (1986) oder den Komponisten Ludwig van Beethoven (1987).

Warhols Porträts beschränkten sich nicht nur auf reale Personen. Die Bezeichnung »Superstar« stand ebenso für anderes: Gegenstände, Randgruppen und Ereignisse: Mickey Mouse, das Pin-Up-Girl, Mord, der Todessprung von einem Wohnhaus oder Homosexualität.[153] So wie er Prominente reproduzierte, vervielfältigte er auch Campbell-Suppendosen in mediengerechter Form.[154]

Eine Besonderheit dieser Arbeiten liegt in ihrer Technik. In früheren Jahren malte Warhol seine Modelle größtenteils von Hand, später begann er mit kommerziellen Reproduktionstechniken wie dem Siebdruckverfahren zu experimentieren. Seine Angestellten setzten die Bilder dann einfach nach seinen Anweisungen um.

Andy Warhol und die Bewegung der Pop Art verweigerten sich respektlos den »altehrwürdigen Methoden künstlerischen Schaffens«.[155] Sie lösten sich von der herkömmlichen Definition des Porträts und begaben sich auf neue Wege der Darstellung. Warhols Image war geprägt von Medienwirkung, Unterhaltung und Technologie. Die Künstlichkeit der Konsumkultur, die Vervielfachung des Alltäglichen und die ungeschönte Wiedergabe des Objektes standen im Mittelpunkt seines Schaffens.[156]

»Willy Brandt mit Zigarette«

Mit Willy Brandts politischem Leben hat Warhol sich nur wenig auseinandergesetzt. Das zeigt auch sein Kommentar: »Oh, er sollte wirklich auf die Politik verzichten und Filmstar werden.«[157] Die Idee, ein Porträt Willy Brandts zu fertigen, wurde 1976 in der Kunstfactory am Broadway 860 in New York geboren. Der mit Warhol befreundete Bonner Galerist Hermann Wünsche regte an, die lange Reihe von Persönlichkeiten aus Kultur und Politik, die Warhol bereits abgebildet hatte, mit dem herausragenden Deutschen zu vervollständigen. Es sollten insgesamt fünf Siebdrucke in Acryl auf Leinwand entstehen. Auf Andy Warhols Anfrage sagte Brandt spontan zu. Mit seiner Zusage war allerdings der Verkauf

■ Abbildung 40
Andy Warhol, der Galerist Hermann Wünsche
und Andy Warhol bei einem Happening in der Bonner
Galerie Wünsche, 18. Februar 1976

eines Acrylexemplars auf der Westdeutschen Kunstmesse in Düsseldorf verbunden, dessen Erlös – geschätzte 250.000 Dollar – Unicef zugute kommen sollte. Ferner war vereinbart, Unicef eine Edition von Siebdrucken zu schenken.[158] »Die Präsentation des Porträts, das Sie von mir gemacht haben«, schrieb Brandt an Warhol, »war ein großer Erfolg. Ich würde mich im Interesse von Unicef freuen, wenn die Verlosung das erhoffte gute Ergebnis bringt.«[159] Gabi Hollederer, eine langjährige enge Mitarbeiterin des Altbundeskanzlers, meinte: »Daß Brandt spontan ja sagte, ist in erster Linie auf den guten Zweck der Sache zurückzuführen und nicht auf die Darstellung seiner Person. Er hat sich nicht gerne porträtieren lassen. Es war für Brandt selbstverständlich, soziale Anliegen zu unterstützen. Dies lag in seiner Natur, wie beispielsweise auch die Gründung einer Stiftung aus dem Preisgeld des Friedensnobelpreises 1971.«[160] Wie bei den Meistermann-Bildern hatte Brandt auch hier ein lebhaftes Interesse daran, eine andere Art der Porträtdarstellung zu unterstützen.

Am 18. Februar 1976 trafen er und Andy Warhol in der Bonner Galerie Wünsche zusammen. (■ Abb. 40) Die Presse kündigte dieses »Happening« groß an: »Andy Warhol kam und Bonn stand Kopf.«[161] Rund 80 Fotografen, Kameraleute und Journalisten waren anwesend. Die beiden Prominenten begrüßten sich kurz in der Menge und unterhielten sich ohne Belang: »How long do you stay in Bonn?« »Tomorrow morning!« »It's nice!«[162] Dann zog der Künstler aus einer Plastiktüte eine Polaroidkamera heraus und fotografierte mit Blitzlicht insgesamt sechsundzwanzig Mal sein Modell in verschiedenen Posen, mal mit und mal ohne Zigarette. Diese Fotos waren die einzigen Vorlagen für die späteren Porträts. Nach einer halben Stunde war der Medienrummel vorbei. Willy Brandt verabschiedete sich freundlich mit den Worten: »Das Bild ist fertig.«[163]

○ Abbildung 41

Die Inszenierung war perfekt. Warhol kam, traf den Staatsmann, fotografierte ihn und entschwand wieder. Durch den Warhol-Kult wurde aus einer eher unspektakulären Szene ein Medienereignis.

Auffallend war der Gegensatz zwischen Künstler und Modell: »Imposant, jovial, überlegen der Friedensnobelpreisträger, jeder Zoll Würde und Seriosität. Auf der anderen Seite ein Star einer ganz anderen Szene: eher schüchtern, unscheinbar, mit dem geröteten Albinogesicht unter strähnigem Weißhaar ungesund wirkend«.[164] Warhols Auftreten in der Öffentlichkeit folgte seit Jahrzehnten derselben Dramaturgie: Anwesend und abwesend zugleich zu sein. Seine äußere Erscheinung als »dumb blond« wurde sehr schnell mit der Pop-Bewegung gleichgesetzt. Diese Stilisierung zum Symbol unterstützte seinen exorbitanten Erfolg.[165]

Sechs Wochen brauchte Warhol, um die fünf Porträts fertig zu stellen. Vier der fünf Siebdrucke in Acryl auf Leinwand entstanden nach der Fotovorlage Brandt mit Zigarette. Ein weiteres, das Brandt ohne Zigarette zeigt, hatte der Galerist Hermann Wünsche in Auftrag gegeben.

Am 3. Juli 1976 wurden die Arbeiten bei Wünsche in Bonn der Öffentlichkeit präsentiert. Die Presse urteilte positiv: »Brandts Porträts sind gelungen.«[166] Mit der linken Hand hält Willy Brandt eine Zigarette mit Zigarettenspitze an den Mund. Der Oberkörper ist leicht nach links gedreht. Kopf, rechte Schulter und Oberkörper sind von den Bildrändern beschnitten. Warhol verwendet seine typischen Popfarben Pink und Türkis, die aus der modernen Neon-Reklame stammen, grell und leuchtend wirken.[167] (○ Abb. 41, S. 124) Gesicht und Hand sind mit Pink überzogen, der Hintergrund und das Hemd sowie die Konturen der Hand sind einheitlich türkis. Auffallend sind die ockerfarbenen Partien oberhalb der Augen, die die Brauen überdecken. Darüber setzte Warhol eine transparente türkisfarbene Farbzone. Der schmale Mund, mit einer intensiveren Farbe schablonenartig umrandet, wird in der Kontur größer.

Das Polaroidbild, das als Vorlage diente, wurde in 35 mm neu aufgenommen, dann auf Acetatfolie gedruckt. Für den Siebdruck mußte die Aufnahme auf 100 mal 100 cm vergrößert werden. Das quadratische Format, das die Komposition »zentralisieren« und den Kopf größtmöglich wiedergeben sollte, wurde auf die Leinwand aufgedruckt.[168] Man erkennt deutlich die Fotovergrößerung an den großporigen schwarzen Rastern im Gesicht. Es entsteht die Wirkung eines übermalten Schwarz-Weiß-Negativs. Die Haare, das Jackett und die Krawatte in schwarz setzen sich von den »poppigen« Farben ab. Schwarz glänzenden Acryllack verwendete Warhol in diesen Bereichen. Durch den unregelmäßigen Farbauftrag entstanden zusätzlich Furchen und Riefen, die Warhol mit der Rakel erzielte. Mit diesem messerartig geschliffenen Stahlband oder Holzpflock streift der Künstler Farbe auf dem Sieb ab und drückt sie anschließend hindurch. Das Sieb, das über der Leinwand mit dem aufgedruckten Foto liegt, läßt auf diese Weise nur an den gewünschten Stellen Farbe durch. Bei Brandts Porträt wurde besonders am Jackett viel schwarze Farbe aufgetragen, die »schmierig« und dick wirkt. Warhol beabsichtigte, daß man bei seinen Porträts auf Leinwand nie sicher sagen konnte, was manuell und was mit technischen Hilfsmitteln aufgetragen wurde. So könnten die gekratzten Striche beziehungsweise Linien im Haar- und Gesichtsbereich von Brandt sowohl mit der Hand als auch mit einem gesonderten Sieb angefertigt worden sein, wie es bei den Mao-Bildern Warhols von 1972 der Fall war. Auch der monochrome Hintergrund, der oft als erstes auf die Leinwand kam, ist bei diesem Porträt später von Hand gemalt oder durch das Sieb gedrückt worden. Die Farbdeckung überließ Warhol dem Zufall. Das war typisch für ihn. Einmal wollte ihm ein Mitarbeiter erklären, mit welcher Technik man bei Elizabeth Taylors Porträt eine präzisere Farbdeckung erreichen könnte, da zuckte Warhol mit den Achseln und sagte: »Irgendwie gefällt es mir so.«[169]

Durch die eigenartige Arbeitsweise Warhols – Handwerk plus Mechanik – unterscheidet sich jedes der vier Brandt-Bilder vom anderen. Das hier besprochene Exemplar hängt heute im Haus der Geschichte der Bundesrepublik Deutschland in Bonn, ein weiteres in der Residenz des deutschen UNO-Botschafters in New York.[170]

Das Porträt, das der Galerist Hermann Wünsche in Auftrag gegeben hat, ist ebenfalls nach einer Polaroid-Fotovorlage entstanden. (■ Abb. 42) Die Haltung des Modells und die Formatwahl ähneln den ersten vier Bildern sehr. Die Farbflächen sind in ihrer Struktur eher fließend, die Konturen aber klar von den anderen Bereichen abgetrennt. Der Hintergrund ist einheitlich in einem ocker-braunen Farbton gehalten. Die Gesichtspartien sind schwach rosa und das Hemd, das fast gänzlich unter dem schwarzen Jackett verschwindet, ist hellblau. Im ganzen wirkt diese Variante unauffälliger und weniger progressiv als die erste.

Andy Warhol schuf also zwei Bildvarianten des Politikers Brandt. Sie reihen sich künstlerisch in die unzähligen Superstar-Porträts und spiegeln die kontinuierliche Arbeitsweise des Künstlers wider. Typische Merkmale wie Format, Farbenwahl, Verfremdung von Augen und Mund sowie die Ambivalenz zwischen der Hand des Künstlers und der Maschine treffen wir bei Warhol überall in ähnlicher Weise an.

Die Interpretation überließ Warhol stets den Kritikern.[171] »Pop Art will ohne jede Illusion die Dinge selbst zu Wort kommen lassen.«[172] Er vermied alle subjektiven Stellungnahmen oder Gefühlsregungen und paßte sich so dem Reportagestil von Fernsehen und Presse an.[173] Der Künstler als Produzent und Medienexperte steht im Vordergrund. Willy Brandt als Person ist zweitrangig. Für das Modell soll es eine Ehre sein, in Warhols Sammlung aufgenommen zu werden, die er als »Fame of

■ Abbildung 42
Herman Wünsche gab ein zweites Porträt bei Warhol in Auftrag: »Willy Brandt ohne Zigarette«.
(Ausschnitt)

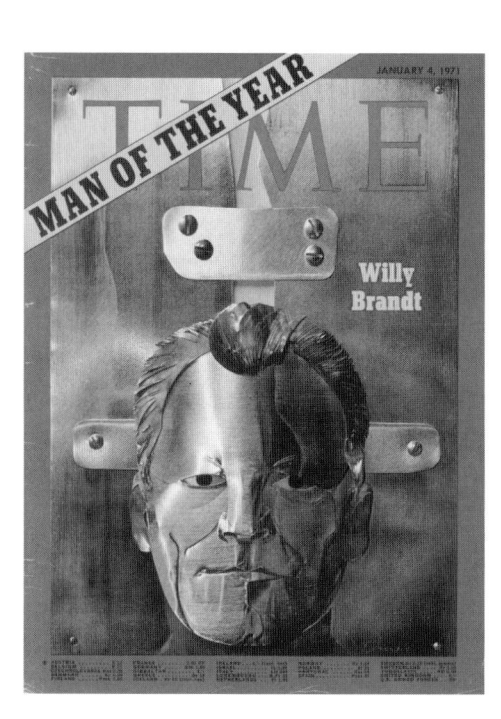

■ Abbildung 43
Titelseite des »Time-Magazine«, Januar 1970

Warhall« bezeichnete. Mehr noch: Die Person wird in eine Reihe mit Massenprodukten gestellt.

Im Gegensatz zu den Gemälden von Oswald Petersen und Manfred Bluth, in denen sich die Tradition des offiziellen Bildnisses manifestiert, thematisiert Andy Warhol den Unterschied zwischen Individualität und Image, »den Substanzverlust durch die Reproduktionsmedien« und führt damit eigentlich jeden Malstil in der Porträtkunst ad absurdum.[174]

Das Warhol-Projekt war ein bewußt geplantes Medienereignis. Die Presse legte ihr Hauptaugenmerk auf Warhol und stellte Brandt als seriösen, großen Politiker dar. Brandt, der seine berufliche Laufbahn als Journalist begonnen hatte, wußte, wie wichtig die Aufmerksamkeit der Medien war. Er selbst bemühte sie immer wieder, um seine politischen Ziele öffentlichkeitswirksam zu präsentieren. Brigitte Seebacher-Brandt berichtet: »Er hatte ein gutes Verhältnis zu den Journalisten. Es war ein gegenseitiges Mögen zwischen Brandt und der Presse.«[175] Als hervorragender Redner war er wie kaum ein anderer deutscher Politiker seiner Generation in Fernsehen, Radio und Printmedien präsent. Selbst sein Privatleben schloß er hiervon nicht aus.[176] Im Januar 1970 wählte das Nachrichtenmagazin »Time« ihn zum »Mann des Jahres« mit der Begründung: »Er hat die aufregendste und zugleich hoffnungsvollste Vision für Europa projiziert, seit der Eiserne Vorhang niedergegangen ist.« Auf der Titelseite des Blattes ist Willy Brandt als Skulptur in Stahl und Aluminium abgebildet – eine Arbeit des amerikanischen Künstlers George Giusti.[177] (■ Abb. 43)

Leider gibt es zu Warhols medienwirksamem Kunstprojekt kaum verläßliche Kommentare von Willy Brandt selbst. Seine Bereitschaft, beim Happening in Wünsches Galerie mitzuwirken, könnte ähnliche Beweggründe gehabt haben wie einst sein Wunsch, von Georg Meistermann gemalt zu werden: die moderne Kunst als Ausdruck der Gegenwart zu sehen, ihr in dieser Rolle zu höherer Geltung zu verhelfen und überkommene Formen der Darstellung eines demokratischen Politikers zurückzuweisen. Bereits 1970 hatte Brandt betont, daß der zeitgenössischen Kunst, die lange vernachlässigt wurde, ein »stärkerer Platz in der Repräsentanz unserer Demokratie« eingeräumt werden solle.[178] So gesehen war das Warhol-Projekt ein Beitrag zum besseren Verständnis moderner Kunst sowie ein Versuch, sie in Politik und Gesellschaft einzubinden.

Nach dem Regierungswechsel 1998 wollte Außenminister Joschka Fischer sein Arbeitszimmer im Bundeskanzleramt mit einem Porträt von Willy Brandt ausstatten. Man legte ihm mehrere konservative Arbeiten vor, doch Fischers Interesse galt einem jener fünf Brandt-Porträts von Andy Warhol, das damals auf dem Kunstmarkt für 350.000 Mark angeboten wurde.[179] Auch das Büro des Bundestagspräsidenten Wolfgang Thierse bemühte sich, für die Bundesversammlung[180] im Reichstag ein Brandt-Porträt von Warhol als Leihgabe zu erhalten.[181] Einerseits ist damit natürlich eine Würdigung des großen Staatsmannes Brandt verbunden, andererseits zeigt sich, daß man heute eher bereit ist, auch moderne Darstellungen bedeutender Politiker an repräsentativer Stelle zu präsentieren.

L.M. Wintersberger – Subjektivität und Verfremdung

1978 schuf Lambert Maria Wintersberger ein Willy-Brandt-Porträt in Öl. (● Abb. 44, S. 126) Hierzu verwendete er eine Fotovorlage und setzt sich in seinem Werk, wie Andy Warhol und Georg Meistermann vor ihm, deutlich von der klassischen Porträtkunst ab.

Wintersberger wurde 1941 in München geboren und beschäftigte sich als Autodidakt von 1958 bis 1961 mit Kirchenmalerei und Glasfenstern. Von 1964 bis 1968 lebte er in Berlin. Nach einem Aufenthalt in den USA ließ er sich in Nörvenich nieder. 1978 begann er eine Porträtreihe mit Walter Scheel und Helmut Schmidt zu malen.[182] Darin entwickelte er eine Stereotypie.

Der Künstler stellte den Kopf und einen Teil des Oberkörpers in reduzierter Weise dar, indem er sie durch schablonenartig aufgesetzte Farbfelder verfremdete. Die Konturen des Gesichts wirken zerschnitten, wie eine Collage. Der leblose Blick und die harten Formen lassen den Politiker starr und regungslos wirken, als trage er eine Maske. Diese Art, das Gesicht in transparente dunkle und helle Farbfelder aufzuteilen, erinnert an moderne Glasbilder.

Von den vielen verschiedenen Brandt-Porträtisten kommt Wintersberger der Pop Art am nächsten. Allerdings ist sein Bild weniger in Anlehnung an Warhol als an den englischen Pop Art-Künstler Richard Hamilton entstanden, der 1964 in ähnlich verfremdender Weise ein Porträt von Hugh Gaitskell geschaffen hatte und damit auf die moderne technisierte Massenkultur hinwies.[183] Das Willy-Brandt-Porträt von Wintersberger verdeutlicht den Einfluß der neue Medienwelt und hinterfragt das Verhältnis von Kunst und Realität. Zu bemerken ist, daß Lambert Maria Wintersberger – im Gegensatz zu den bereits besprochenen Künstlern – keinen persönlichen Kontakt zu Brandt hatte, weder mündlich noch schriftlich.

● Abbildung 44

Abbildung 45

Abbildung 46
Willy Brandt nach seinem glänzenden Wahlsieg am 19. November 1972

Die »scheinbare Wirklichkeit« bei C.O. Paeffgen

C.O. Paeffgen befaßte sich mehrfach mit bekannten Foto-Darstellungen von Willy Brandt. Paeffgen wurde 1933 in Köln geboren, absolvierte das erste juristische Staatsexamen und ist heute in Köln tätig. Ende der sechziger Jahre wurde er durch seine progressive Kunstsprache, das Übermalen von Zeitungsbildern und die Drahtumwicklung von Objekten bekannt. Er gehört zu denjenigen zeitgenössischen Künstlern, die Vorgefundenes, etwa Werbefotos, überarbeiten und in einen neuen Kontext stellen.[184] Paeffgen setzte sich mit einfachen, eingängigen Motiven auseinander – bekannte Persönlichkeiten aus Politik und Film in Zeitungen und Illustrierten. Die triviale Plakativität, die er mit seinen Überzeichnungen erreicht, soll die tradierten Begriffe von Kunst und Wirklichkeit in Frage stellen.

1972 übermalte er eine bekannte Darstellung Brandts, die ihn als Wahlsieger zeigt. (● Abb. 45, S. 127; ■ Abb. 46) Der Bundeskanzler schaut freundlich in die Kamera und hält zum Zeichen seines Triumphes die rechte Hand erhoben.[185] Paeffgen vergrößerte das Foto, bis sich die groben Rasterpunkte verwischten. Das Bild mißt eine Größe von 150 mal 100 cm. Paeffgens Maltechnik erinnert an Andy Warhol. Er setzte einen breiten schwarzen Filzstift an und zog Brandts Gesicht, die Haare und äußeren Konturen grob nach.

Das Jackett wurde mit schwarzer Acrylfarbe ausgemalt, der graue Hintergrund blieb neutral. Brandt wird quasi zum »Strichmännchen« verformt, sein Gesicht gerät zur Fratze, es entsteht eine unwirkliche, schemenhafte Gestalt, die einem Graffiti-Bild gleicht. Die geschichtliche Aussage des Fotos schlägt damit in Ironie um. Paeffgen versteht das Fotomotiv als »Reizattrappe«, auf die man, wie in der Werbung, wunschgemäß reagiert und hereinfällt. Durch die Übermalung werden die Sinne des Betrachters getäuscht und das Dargestellte entwertet. Kritik und Zustimmung liegen hier nahe beieinander.[186]

Diese Technik wandte der Künstler gleichermaßen bei den Motiven Adolf Hitler, Paul Cézanne, bei Frauendarstellungen und Tiermotiven an. Eine mit dem Brandt-Porträt vergleichbare Arbeit ist seine Darstellung Konrad Adenauers (1975/76). Die Fotovorlage zeigt den ehemaligen Bundeskanzler als Denker. Auch sie wird mit dem Filzstift schablonisiert.[187] Adenauers Gestalt, die für die deutsche Politik und Geschichte der Nachkriegszeit steht, erscheint sinnentleert. Was bleibt, ist eine Irritation. Diese Form der Kunst, eine Art Antikunst, finden wir ebenso bei dem Franzosen Marcel Duchamp (1887–1968) wieder. Der Begründer der Antikunst und Wegbereiter des Dadaismus verlieh einer Reproduktion der Mona Lisa einen Schnurrbart und stellte damit bestehende Kunstwerte in Frage.[188]

Paeffgens Werke vermitteln eine kritisch-ironische Distanz und beschreiben Zeitgeschehnisse in einer neuen, untradierten Formensprache. Die Tagespolitik beschäftigte den Künstler. Grundlage für seine Arbeiten waren oft Fotos aus der Tagespresse – so zum Beispiel eines, das Willy Brandt 1970 während der Verhandlung über den Moskauer Vertrag zeigte. Der Bundeskanzler sitzt Leonid Breschnew, dem Generalsekretär der KPdSU, und Andrej Gromyko, dem sowjetischen Außenminister, gegenüber.[189] Bei Paeffgen wurde die historische Szenerie zum Comic-Ausschnitt, die Gesichter zu Strichmasken.

Wie ein Magnet fühlte sich der progressive Künstler Paeffgen immer wieder von der Person und dem Wirken des SPD-Politikers angezogen. Doch wurde Brandt auch schonungslos benutzt, um Politik und Gesellschaft auf den Prüfstand zu stellen.[190]

Otto Herbert Hajek – Zeichen für Menschen

Willy Brandt und Otto Herbert Hajek, die sich seit 1970 kannten, pflegten eine freundschaftliche Beziehung, die ihren Ausdruck in Briefen, zahlreichen Treffen und anregenden Gesprächen über kulturpolitische Themen sowie über den Nord-Süd-Dialog fand.[191] (▶ Dok. S. 176, 177) »Dies soll zugleich ein aufrichtiger Dank sein: Für Dein Schaffen, für Dein Engagement, vor allem aber für Deine Freundschaft und Menschlichkeit«, schrieb Brandt im Juni 1977 an Hajek.[192] (■ Abb. 47)

Ihre sozialpolitischen Forderungen verbanden sie ebenso wie Fragen und Perspektiven der interkulturellen Verständigung.[193] Auf einer Postkarte aus Indien schrieb Hajek: »Ich bin von der Regierung hier eingeladen (...) über Fragen der Kultur im Nord-Süd-Dialog Gedanken zu äußern. Wir sollten unbedingt darüber einmal intensiv sprechen und von uns aus mehr tun.«[194]

Anfang der siebziger Jahre trafen sich die beiden regelmäßig.[195] Unmittelbar nach Brandts Rücktritt 1974 besuchten Otto Herbert Hajek und seine Frau ihn für eine Woche in Norwegen: »Er war ein gebrochener Mensch. Rut sagte, er esse nichts und rede mit niemand. Ich versuchte Brandt mit meiner direkten Art, Mut zuzusprechen, wieder aufzubauen. Während langer Spaziergänge im Schnee kam er langsam aus sich heraus. Er zeigte mir die Wege, auf denen er damals nach Schweden flüchtete. Ich glaube, gerade weil ich aus einem anderen Metier komme, konnte Brandt mit mir offen reden. Für ihn waren es die ersten persönlichen Gespräche nach seinem Rücktritt.«[196]

Otto Herbert Hajek, Bildhauer, Objektkünstler und Maler, wurde am 27. Juni 1927 in Kaltenbach, Böhmen, geboren. Er studierte von 1947

■ Abbildung 47
Willy Brandt und Otto Herbert Hajek in der Ausstellung »O.H. Hajek – Castel Sant'Angelo«, Rom 1981.

bis 1954 Bildhauerei an der Staatlichen Akademie der Bildenden Künste in Stuttgart. 1957 trat er in den Deutschen Künstlerbund ein und war von 1972 bis 1979 dessen Vorsitzender. 1980 übernahm er die Leitung der Bildhauerklasse an der Staatlichen Akademie der Bildenden Künste in Karlsruhe. 1980 war er Mitbegründer der Initiative Nord-Süd-Kulturdialog. Hajek bereiste ab 1975 viele Länder. Er hielt Symposien, Vorträge und Seminare ab, besuchte Universitäten und Kunsthochschulen und unternahm Studienexpeditionen. Hajek, der neben zahlreichen anderen Ehrungen und Auszeichnungen auch das Bundesverdienstkreuz Erster Klasse erhielt, zählt zu den wichtigsten deutschen Künstlern der Nachkriegszeit. Er verbindet künstlerisches und politisches Engagement. Diese Stränge laufen aufeinander zu, ergänzen sich und »fördern, die Verhältnisse zu verändern.«[197]

Seine Kontakte und Begegnungen pflegt er weltweit und zählt damit zu den international angesehensten Repräsentanten des deutschen Kulturlebens.[198] Als Vorsitzender des Deutschen Künstlerbundes trug er hohe »künstlerische und politische Verantwortung« in dieser Zeit.[199] Seine Objekte und Bilder sind ein »Spiegel der jeweils maßgeblichen gesellschaftlichen Strukturen«.[200]

Hajek will der Kunst in unserer Gesellschaft einen Freiraum schaffen. »Ich bin mit meiner Arbeit auf die Straße gegangen, um Menschen zu begegnen, um Kunst auf den Weg zu bringen.«[201] Seine Kunst stellt eine Beziehung zu den Menschen her. So schrieb er dem Ehepaar Brandt folgende persönliche Widmung in eine Publikation: »Für Frau und Willy Brandt – Grüße und Zeichen – Zeichen für Menschen – Herbert Hajek«.[202]

Seine Objekte, »Kunst in Raum und Architektur«, suchen die Begegnungen mit Menschen. Hajeks Zeichen einer humanen Gesellschaft, ausgedrückt in plastischen »Farbwegen«, sind überall auf der Welt zu finden, durchziehen Landschaften, Städte, Gebäude und Plätze. Sie sollen verbinden, provozieren und kultivieren.[203]

Anläßlich der Verleihung des Friedensnobelpreises an Willy Brandt im Jahr 1971 fertigte Otto Herbert Hajek eine Serigraphie zu den verschiedenen Lebensstationen des Geehrten an. (● Abb. 48, S. 128) »Als ich hörte, daß Brandt den Friedensnobelpreis bekommen sollte, war ich so bewegt und voller Freude, daß ich mich sofort daran begab, ein Porträt von ihm anzufertigen.«[204] Die Sozialdemokratische Wählerinitiative, in der sich auch Hajek engagierte, machte dem Bundeskanzler die Grafik zum Geschenk. Darunter schrieb Hajek: »Hommage à Brandt«.

In seiner farbig geometrischen Formensprache, die an die Op Art der sechziger Jahre erinnert, malte der Künstler eine Art Biographie im Porträt.[205] In der Mitte der Grafik türmen sich Rauten in den Farben Blau, Weiß und Schwarz auf, die die Komposition in zwei Hälften teilen. Sie sollen an die dreiunddreißig Meter hohe, sich windende »endlose Säule« von Constantin Brancusi (1876–1957) erinnern. Die Säule symbolisiert die Person Willy Brandts. Rechts und links verdeutlichen geometrische Formen, die plastisch aus dem Bild hervorzutreten scheinen, die großen Abschnitte seines Lebens. Die untere Ebene, seitlich der Rauten, ist in den Farben Blau und Orange gehalten und kennzeichnet Brandts Jugendzeit. Sie stehen für seine »nicht festgelegte Herkunft«, seine Flucht nach Norwegen und seinen Kampf im Widerstand. Die restliche Fläche auf der linken Seite, die Hajek in den Farben Schwarz, Rot, Gold gestaltete, stellt den Eintritt Brandts in die deutsche Politik dar. Dieser Abschnitt beinhaltet alle hohen politischen Ämter. Auf der gegenüberliegenden Seite wiederholt der Künstler die Farben der frühen Zeit. Jetzt sollen das Private Brandts, sein buntes Leben, seine Kontakte zu den Menschen hervorgehoben werden.[206]

Otto Herbert Hajek, der mit seinen Bildern und Plastiken Zeichen setzen möchte, bietet hier persönliche Zeichen über einen Menschen, die verschiedene Facetten seines Lebens erzählen sollen. Die Grafik wurde auch als Poster herausgegeben, doch ursprünglich war sie, so Hajek, »ein ganz persönliches Porträt, das in erster Linie für meinen Freund bestimmt war«.[207]

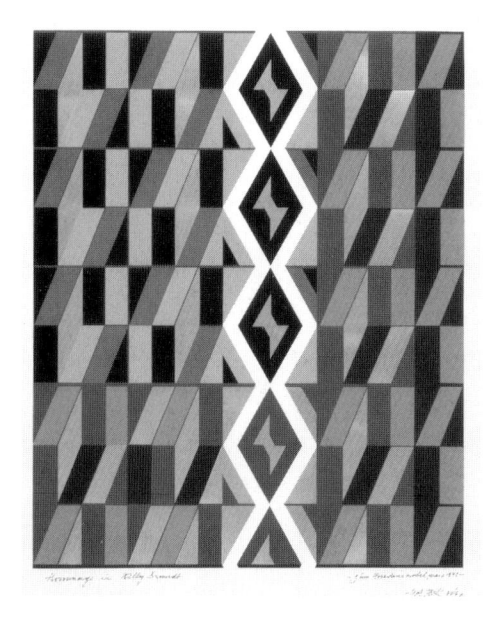

● Abbildung 48

○ Abbildung 49

○ Abbildung 50

Die »Kosmosinterpretation« von Ernst Günter Hansing

1989 setzte sich Ernst Günter Hansing mit Willy Brandt in einigen Studien zum Thema Alter und Weisheit auseinander. Es sind die letzten Darstellungen Brandts vor seinem Tode, die ein anerkannter Künstler schuf.[208]

Hansing wurde 1929 in Kiel geboren und erlernte zunächst den Beruf des Goldschmieds von 1948 bis 1952. Bereits zu dieser Zeit entstanden seine ersten Bilder. In den fünfziger Jahren traf er mit Emil Nolde, Oskar Kokoschka und Pablo Picasso zusammen. Die Kunstsprache Hansings wurde in dieser Zeit geprägt. Sie geht auf den Expressionismus zurück, der mit unruhigen, hartkantigen und splitterhaft kristallinen Formen, die zum Teil aus dem Kubismus und Futurismus entlehnt waren, seelische und geistige Unruhe veranschaulichen wollte.[209] Von 1952 bis 1953 war er Schüler von André Lhote und Fernand Léger in Paris. 1954 bis 1955 studierte er Techniken der Wandmalerei an der Hochschule für Bildende Künste. In seinen Werken beschäftigte sich Hansing hauptsächlich mit religiösen Themen. Er gestaltete Fenster, Reliefs und Altäre in Kirchen. Ab 1960 und besonders in den siebziger Jahren widmete er sich zunehmend der Porträtmalerei. Es entstanden Bilder von religiösen Würdenträgern wie Kardinal Frings, Mutter Teresa, Papst Paul VI. und Johannes Paul II. oder ausländischen Staatsmännern wie Charles de Gaulle und François Mitterrand. Nachdem Ernst Günter Hansing nach Rhöndorf gezogen war, beschäftigte er sich schwerpunktmäßig mit der Bonner Politikerelite. Mit einer Porträtreihe von Konrad Adenauer fing er 1963 an und setzte diese über Herbert Wehner, die Bundespräsidenten und Helmut Kohl bis zu Willy Brandt fort.[210]

1989 schuf Ernst Günter Hansing die ersten Zeichnungen und Aquarelle von Willy Brandt, Vorstudien zu einem Ölporträt, in denen er die charakteristischen Wesenszüge seines Modells einzufangen suchte. Es sollte ein Lebensrückblick entstehen, der nie verwirklicht wurde.

Die wichtige Vorstudie, auf weißes Papier gemalt, beschränkt sich auf den Kopf. (○ Abb. 49, S. 129) Mit skizzenartigen, schnellen Pinselstrichen fing Hansing die typischen Gesichtszüge seines Modells ein. Linien und Dreiecke, die wie ein Strahlengewirr das Gesicht einspannen, bilden die Grundformen. Sie sollen als Blitze assoziiert werden. Hansing versteht den Menschen als Teil des Universums. Die Beschäftigung mit dem Universum, kosmische Zusammenstöße und Explosionen spielen eine entscheidende Rolle in seinen Porträts.[211]

In der späten Aquarelldarstellung Willy Brandts tritt diese expressive und futuristische »Kosmosinterpretation«, wie sie beispielsweise in dem Porträt von Herbert Wehner 1976 besonders deutlich zu sehen ist, zurück. (○ Abb. 50, S. 129)

Die Farbe Blau nimmt bei Hansing eine besondere Bedeutung ein. Inspiriert durch die Fenster der Kathedrale von Chartres, die er als »Blauwunder« bezeichnete und die für ihn eine Offenbarung war, setzte er die Farbe als Symbol für Sakrales, Kosmisches und Meditatives ein. Im Brandt-Porträt ist sie ein Ausdruck der Stille und Einsamkeit. Brandt wird hier als alter, nachdenklich rückblickender Politiker gezeigt.

Das geplante Ölbild kam, wie gesagt, nie zustande. Der Grund hierfür lag in einer Auseinandersetzung zwischen Georg Meistermann und Ernst Günter Hansing. Meistermann warf Hansing vor: »Wer Adenauer gemalt hat, der kann nicht Willy Brandt malen.« Hansing, der aus Ärger über diese Äußerung Abstand von dem geplanten Ölporträt nahm, erwiderte: »Soll er doch seinen Brandt alleine malen, ich bleibe bei meinen Skizzen.«[212] Ernst Günter Hansing berichtete, daß Brandt einer der wenigen war, denen er nicht näher gekommen war und zu dem er keine tiefere Beziehung hatte.[213]

Meistermann bezog in seinem künstlerischen Schaffen eine eindeutige politische Position. Für ihn war es undenkbar, daß zwei konträre Persönlichkeiten wie Adenauer und Brandt, die in ihrem Leben grundverschiedene Auffassungen vertraten und sich darüber hinaus nicht besonders mochten, vom selben Künstler gemalt werden.

Doch das ist sehr häufig der Fall. Eben dadurch wurden Oswald Petersen, Helga Tiemann, Manfred Bluth oder Günter Rittner als Porträtisten bekannt. Mit ihren Bildern äußern sie weder Zustimmung noch Kritik am Weltgeschehen. Ihnen geht es nur darum, eine politische Persönlichkeit in ihrer künstlerischen Formsprache abzubilden.

José García Y Más – die surreale Deutung

Das Gemälde »Löwenbändiger«, das sich mit den deutsch-deutschen Beziehungen auseinandersetzt, ist im Deutschen Historischen Museum in Berlin zu sehen. Das überdimensionale Werk von José García Y Más entstand 1985.[214]

Der Spanier José García Y Más wurde 1945 in Santa Cruz de la Palma auf den Kanarischen Inseln geboren und studierte Kunst an der »Escuela de Bellas Artes« in Santa Cruz de Tenerife. Seit 1970 lebt er in Berlin und ist seit 1980 freischaffender Künstler der Ladengalerie auf dem Kurfürstendamm.[215] Die Ost-West-Spannung, das Leben im geteilten und wiedervereinten Berlin, aber auch die Probleme der Europäischen Gemeinschaft bilden die wichtigsten Themen seiner Bilder.[216] In dem Bild »Löwenbändiger« (Abb. 51, S. 130) stellt er fünf Politiker dar. Hans Dietrich Genscher, Helmut Kohl, Franz Josef Strauß sowie

Abbildung 51

Willy Brandt und Egon Bahr stehen vor einem Gitter, hinter dem Erich Honecker die sphinxhaften Züge eines Löwen mit menschlichem Kopf annimmt. Der Staatsratsvorsitzende der DDR blickt auf die westdeutschen Politiker. Willy Brandt und Egon Bahr stehen für die Gestaltung der Ostpolitik in den sechziger und siebziger Jahren. Der Ostexperte Egon Bahr schaut skeptisch. Willy Brandt trägt einen Greifvogel auf seiner Faust, der als Symbol für »Mut« und »visionäre Kraft« zu verstehen ist. Sein Blick geht hoffnungsvoll zu Helmut Kohl und Hans Dietrich Genscher, die Brandts Ostpolitik weitergeführt haben. Strauß, der sich von dem Käfig abwendet, hält ein rohes Stück Fleisch für den »Löwen« in der Hand – eine Anspielung auf den vom CSU-Vorsitzenden 1983 vermittelten Milliardenkredit an die DDR.[217] Außenminister Genscher, der als Beobachter dargestellt wird, hält ein Fernglas in seiner rechten Hand. Die unwirkliche, aber detailgenaue Szene vor dem Käfig soll eine Versinnbildlichung der deutsch-deutschen Politik der siebziger und achtziger Jahre sein. Willy Brandt als Initiator und Begründer der Ostpolitik ist die zentrale Figur des Bildes.

Eine weitere Arbeit von José García Y Más von 1987 beschäftigt sich mit der »Nachfolgefrage« in der SPD, Ende der achtziger Jahre.[218] Das Ölgemälde mit dem Titel »Generationswechsel« stellt Johannes Rau, Hans-Jochen Vogel und Oskar Lafontaine als versteinertes Polittrio dar, das unter dem Baum der Erkenntnis im Garten Eden steht und Brandts politisches Erbe antritt. Lafontaine hält das Erbe, symbolisiert durch die Büste Willy Brandts, in seinen Händen. Die Kontinuität sozialdemokratischen Denkens wird durch eine rote Brille, die die Büste trägt, versinnbildlicht. (● Abb. 52, S. 131)

Die ironische Darstellung von José García Y Más wurzelt im Malstil der Pittura Metafisica. Der Künstler enthüllt eine konstruierte Szene, die in einen allegorisch verfremdeten Zusammenhang gestellt wird. Der italienische Maler Giorgio de Chirico hat diesen Stil 1913 begründet. Ein typisches Merkmal dieser Malerei ist ein ruhiger, leerer und oftmals phantastischer Ort, in den realistische Figuren und irreale Wesen eingepaßt werden.[219]

Die figürliche und linienbetonte Malerei des Künstlers, deren Wirkungen durch Licht und Schatten sowie intensive Farben noch erhöht werden, erinnert an die Maler René Magritte und Max Ernst, die von de Chirico beeinflußt waren und zu den Hauptvertretern des Surrealismus der zwanziger Jahre zählen.

Durch seine metaphysische Malerei stellt José García Y Más Brandts politische Rolle in einen geschichtsträchtigen und hintergründigen Zusammenhang.

● Abbildung 52

Der Bildhauer Gerhard Marcks

Gerhard Marcks schuf neben den Politikerbüsten von Konrad Adenauer und Theodor Heuss auch drei Bronzen von Willy Brandt. Neben Georg Kolbe, August Gaul, Ernst Barlach und Wilhelm Lehmbruck gehört Marcks zu den bedeutendsten deutschen Bildhauern des 20. Jahrhunderts.

1889 wurde er als Sohn eines Kaufmanns in Berlin geboren. Schon sehr früh widmete er sich der Zeichnung und der Skulptur. Marcks trat 1907 in das Atelier von Richard Scheibe ein und gehörte in den folgenden Jahren der Berliner Sezession an. Seit 1910 setzte sich der junge, begabte Künstler mit dem menschlichen Körper auseinander. 1913 absolvierte Marcks in Lübeck seinen Militärdienst. Unmittelbar nach dem Ende des Ersten Weltkriegs wurde er von Bruno Paul an die Kunstgewerbeschule nach Berlin berufen. Ein Jahr später übernahm er die Töpferabteilung des Bauhauses in Weimar. Von 1925 bis 1933 lehrte er an der Kunstgewerbeschule in Halle/Saale. Von den Nationalsozialisten entlassen, zog er sich 1933 an die Ostsee zurück. Von 1946 bis 1950 arbeitete Marcks an der Hamburger Landeskunstschule, danach an den Werkschulen in Köln, wo er ab 1950 lebte. Am 13. November 1981 starb der Künstler im Alter von 92 Jahren in Burgbrohl in der Eifel.

Über die Entstehung der Bronzeköpfe von Willy Brandt ist leider nur wenig bekannt. Erhalten sind einige Briefe des Künstlers an die Witwe seines Hamburger Galeristen Rudolf Hoffmann, Wilhelmine Hoffmann, sowie 14 Bleistiftskizzen zu Brandts Kopf, die sich im Archiv der Gerhard-Marcks-Stiftung in Bremen befinden.[220] (● Abb. 53, 54, S. 132, 133)

Am 27. Juni 1970 erwähnte Marcks in Briefen zum ersten Mal, daß er eine Brandt-Büste fertigen wolle. »Nächste Woche steigt das Brandt-Porträt, als Entreé sind wir heute Nacht zum Gartenfest geladen, mit 150 anderen. Er schlug mir vor, ihn nach Berlin zu begleiten – reizend gedacht, aber dazu langen meine Kräfte nicht mehr.«[221] Zu dieser Zeit ging es Marcks gesundheitlich sehr schlecht.[222] Als Vorlage mußte er sich mit Fernsehauftritten von Willy Brandt begnügen.[223] Am 1. Juli schrieb er weiter: »Das Brandt-Porträt gestaltet sich sehr schwierig, der Mann wird dauernd interviewt und dann setzt er die Brille auf.«[224] Im August endlich konnte er vermelden: »Mein Porträt-Brandt ist fertig, ohne Modell. Ich hoffe es ist ganz gut.«[225]

In dieser ersten Beschäftigungsphase entstanden zwei Bronzen. Die kleinere, flüchtig und grob gearbeitet, steht in der deutschen Botschaft in Mexiko und diente dem Künstler als Studie für eine 42 Zentimeter hohe Büste, die wenige Monate später entstand.

● Abbildung 53

● Abbildung 54

Im Jahr 1971 hatte der Künstler mehr Glück, denn jetzt saß Brandt ihm Modell. Doch Marcks hatte mit dem Kanzler ähnliche Probleme wie Manfred Bluth: »Er hat aber nie Zeit zum Stillhalten.«[226] »Übrigens bewundere ich seine bedachtsame Ruhe: er kann zuhören, wenn sein Vis à Vis redet, auch wenn's ihm Ratschläge gibt (die ich nicht verstehe, natürlich).«[227]

Wie schon im Kapitel über Georg Meistermann zeigt sich auch hier die besondere Art und Weise Brandts, mit Menschen umzugehen. Er hörte aufmerksam zu, schätzte den Künstler und wußte die Bedeutung des Porträtisten einzuordnen.

»Die Brandt-Büste geht mit Schwierigkeiten zu Ende. Er hat keine Zeit zu Sitzungen, bei denen er sich doch mal von dem Politikerquatsch erholen könnte.«[228]

Gerhard Marcks schätzte die Situation richtig ein. Der Bundeskanzler hatte wenig Zeit für die bildende Kunst, besonders wenn es um die Darstellung seiner eigenen Person ging.

Schließlich beendete Marcks seine Brandt-Büste und ließ zwei Güsse von ihr anfertigen.[229] Eine Bronze schenkte er 1971 Willy Brandt. Die andere ist heute in der ständigen Willy-Brandt-Ausstellung der Bundeskanzler-Willy-Brandt-Stiftung im Rathaus Schöneberg zu sehen.

Die Büste ist naturalistisch. (● Abb. 55, S. 134) Die Gesichtspartien sind streng geformt, wirken jedoch verhalten. Der schmale Mund, die markanten Wangen, die hohe Stirn und das typische Kinn hat Marcks prägnant herausgearbeitet. Es ist ein leises Werk. Die Augen sind schmal, fast geschlossen und muten orientalisch an. Brandts Blick ist in sich gekehrt, er sucht keinen Kontakt zum Betrachter. Hier bringt Marcks jene Eindrücke an die Oberfläche, die er von Brandt beim Modellsitzen gewonnen hat: einerseits die enorme Ruhe, andererseits die Kunst zuhören zu können.

Marcks verzichtet auf heroische Elemente. Damit setzt er ein klares Zeichen, distanziert sich von konservativen Traditionen, ohne eine abstrakte Formensprache zu bemühen.

Die Wurzeln seines bildhauerischen Schaffens liegen in seiner Jugend. Der Umbruch der Bildhauerkunst am Ende des 19. Jahrhunderts, ausgelöst von Künstlern wie Auguste Rodin, Adolf von Hildebrand und Aristide Maillol, setzte Orientierungspunkte in Marcks künstlerischem Schaffen. Seine Auseinandersetzung mit den Wegbereitern der Moderne ist auch in seinen späten Werken wie der Brandt-Büste noch klar zu erkennen. Nachdem er expressionistische, später abstrakte geometrische Stilmittel verwendet hatte, kehrte Marcks nun wieder zur Natur zurück, arbeitete das Private und Subjektive seines Modells heraus.

● Abbildung 55

■ Abbildung 56

A. Paul Weber – »Nußknacker der Nation«

1972 entstand eine kritische Zeichnung von Andreas Paul Weber mit dem Titel »Harte Nüsse«, die Willy Brandt als »Nußknacker der Nation« darstellt.[230] Weber illustrierte, auf den Punkt gebracht, die Fülle der Probleme, die Brandt nach der Regierungsübernahme zu lösen hatte. »Wir brauchen Menschen, die kritisch mitdenken«, sagte er in seiner Regierungserklärung am 28. Oktober 1969. »Das Selbstbewußtsein dieser Regierung wird sich als Toleranz zu erkennen geben. Sie wird daher auch jene Solidarität zu schätzen wissen, die sich in Kritik äußert.«[231]

Der Satiriker Weber, der 1893 im thüringischen Arnstadt geboren wurde, hat nahezu 3000 Lithographien, 4000 Holzschnitte sowie unzählige Handzeichnungen und Ölgemälde hinterlassen. Der Künstler mit der »spitzen Feder« traf in seinen schonungslosen Zeichnungen den »Puls der Zeit«. Fast drei Jahrzehnte lang nahm die Kunstgeschichte kaum Notiz von ihm – zu eng war in ihren Augen sein Bezug zu Karikatur und Gebrauchskunst.

Buchillustrationen, wie die Fastnachtsspiele von Hans Sachs, Till Eulenspiegel, Goethes Fassung von Reineke Fuchs und Münchhausens Abenteuer, waren der unterhaltsame Teil seiner Arbeit.[232] Daneben befaßte er sich aber mit großen Themen wie Macht, Krieg und Tod. Eines seiner bekanntesten Werke ist »Das Verhängnis« von 1932. Häufig in Schulbüchern zu finden, stellt es den Gipfelsturm der Nazis dar, der in einem Massengrab endet.[233] (■ Abb. 56) Als Mitherausgeber der Zeitschrift »Der Widerstand« entlarvte er in seinen unerbittlichen, visionären Zeichnungen den heraufziehenden Faschismus und dessen demagogische Kraft.[234] Weber wurde 1937 von der Gestapo verhaftet und kam ins Konzentrationslager.[235]

Abbildung 57

Abbildung 58

Bereits während der fünfziger Jahre machte er auf die Umweltproblematik aufmerksam. Die 1957 entstandene Grafik »Der Sterbende Hecht« zeigt einen Fisch, der in den verschmutzten Abwässern einer Fabrikanlage verendet. Weber arbeitete ab 1954 als Illustrator für die Zeitschrift »Simplicissimus« und kommentierte bissig die deutsche Tagespolitik der fünfziger, sechziger und siebziger Jahre.

1972 entstand die Vorzeichnung zu einer Lithographie über Willy Brandt mit dem Titel: »Harte Nüsse«.[236] (● Abb. 57, S. 135) Der geöffnete, mechanisch wirkende Mund hält eine Nuß. Mit zugekniffenen Augen versucht Brandt, sie zu knacken. Weitere Nüsse liegen vor ihm auf einer Schale. Weber zeichnet einen Kanzler, der zielbewußt und hart die angekündigten und längst überfälligen Reformen einleiten will. Die Nüsse sind ein Sinnbild für die Fülle von Problemen, die vor der neuen Regierung liegen.[237] Webers politische Satire ist Ausdruck seines modernen, demokratischen Bewußtseins und des »kritischen Mitdenkens«, das Brandt in seiner ersten Regierungserklärung gefordert hat.

Eine Karikatur aus dem Jahr 1813, auf der Napoleon ebenfalls als Nußknacker zu sehen ist, läßt sich mit Webers Zeichnung vergleichen.[238] (■ Abb. 58) Sie entstand zur Zeit der Leipziger Völkerschlacht. Napoleon »beißt« sich an »Leipzig die Zähne aus«.[239] Beide Zeichner haben die Metapher des Nußknackers verwendet, um auf die jeweilige politische Situation ihrer Epoche hinzuweisen.

Wie man an seiner Brandt-Interpretation sehen kann, gab Weber mit einer Mischung aus Humor und schonungsloser Kritik politische Kommentare zur Zeit ab. Die Kunst Webers hatte viel mit den Werken des Sittenchronisten Georg Grosz gemein, der gleichsam die Abgründe und Entartungen des 20. Jahrhunderts in einem übersteigerten, kritischen Realismus darstellte.[240] Die humoristische Seite in Webers Werken kann man mit den genrehaften Karikaturen Honoré Daumiers (1808–1879) vergleichen. Beide hielten ihrer Epoche einen Spiegel vor.

Das Thema »Brandt als Nußknacker« erinnert an unzählige Karikaturen aus Tageszeitungen und Illustrierten. Jedoch sollte man die kritischen Zeichnungen Webers nicht mit den Pressekarikaturen wie der von E.M. Lang gleichsetzen, die den »Erfurter Dialog« zwischen Brandt und Willi Stoph mit schnellem Strich auf's Korn nimmt.[241] Beide Politiker sitzen sich mit gebundenen Händen gegenüber und reden. Weber stellte die gleiche Situation 1970 dar: Willy Brandt überquert mit einem Schachbrett die innerdeutsche Stacheldrahtgrenze. Weber zeichnete ein aktuelles Thema, schaffte es aber, mit seinen Mitteln eine besondere historische Stimmung zu erzeugen. Vergleicht man diese Karikatur mit den Formvereinfachungen, wie sie in der Tagespresse zu finden sind, könnte man Webers Arbeit auch als »große Karikatur« bezeichnen.[242]

7 Über den Tod hinaus – posthume Darstellungen Willy Brandts

»Ich wollte den Menschen nackt bekommen, um zu zeigen, wie er wirklich war. Ich brauche bei diesem großen Staatsmann keine aufgeplusterte Kleidung, denn dazwischen ist nur Luft.« (Wieland Förster)

Rainer Fetting – Hommage an die Verletzlichkeit

Rainer Fetting hat sich in 30 Gemälden, 20 Zeichnungen und zehn Skulpturen mit der Vita von Willy Brandt beschäftigt. »Mir ist der Macher Brandt wichtig, der Politik machte, gesellschaftliche Veränderungen in Bewegung setzte, eine Wende provozierte.«[243] 1996 gibt die SPD bei dem avantgardistischen Künstler eine monumentale Skulptur von Willy Brandt in Auftrag, die für die neue, von Helge Bofinger gebaute SPD-Bundeszentrale in Berlin gedacht ist. (Abb. 59, S. 138) Die expressive Plastik, die im lichtdurchfluteten Atrium des Willy-Brandt-Hauses steht, ist ein deutliches Bekenntnis der Sozialdemokraten zu ihrem großen Vorsitzenden und zur neuen Hauptstadt.

Rudolf Scharping urteilte über Fetting: »Er hat sich in Willy Brandt hineingefühlt, hineingedacht, hineingearbeitet und man merkt es der Skulptur an.« Scharping bezeichnet die gelungene Arbeit als Ausdruck der Persönlichkeit Brandts. Sie halte seinen Weitblick und seinen Wirklichkeitssinn, seine Standfestigkeit und Zukunftsorientierung fest.

Rainer Fetting, der durch sein sozialdemokratisch gesinntes Elternhaus geprägt wurde, kam 1949 in Wilhelmshaven auf die Welt. Brandt faszinierte ihn seit seiner Jugend, weil er nicht zu der »Rasse der Wohlstandspolitiker« gehörte. Fetting erkannte schon früh, daß seine Generation ein starkes Verlangen nach neuen Werten hatte, die durch die Person Brandts verwirklicht werden konnten. Fetting spricht heute von einer emotionalen Verbindung zu Willy Brandt. In dessen Rolle als Außenseiter, als »unangepaßter Abtrünniger« und »Verlierertypus« fand sich Rainer Fetting wieder. Für ihn war Brandt eine Alternative zur »herrschenden politischen Muffigkeit« und zum »Wirtschaftswunderdenken«.[244]

Als ausgebildeter Zimmermann und volontierender Bühnenbildner bewarb Rainer Fetting sich 1972 an der Hochschule der Künste in Berlin, wo er unter anderem bei Hans Jaenisch Malerei studierte. 1978 und 1979 war er in New York. Zusammen mit Helmut Middendorf,

Abbildung 59

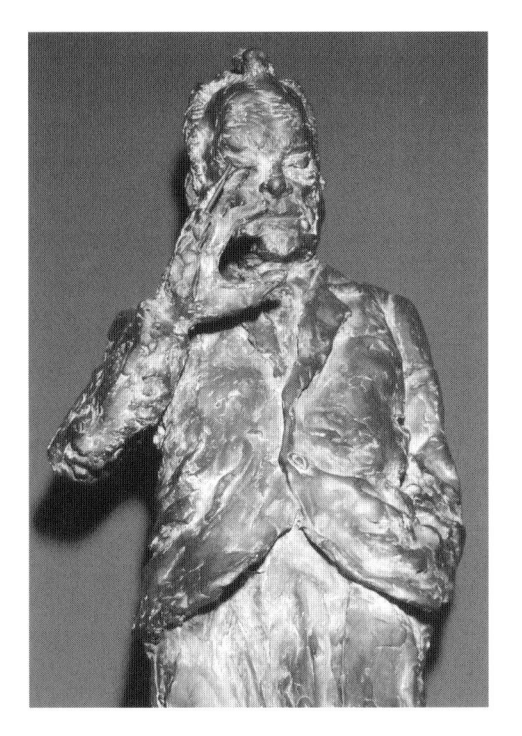

■ Abbildung 60, 61

Salomé und Bernd Zimmer bildete er Ende der siebziger Jahre den Kreis der »Neuen Wilden«, mit einer sogenannten heftigen Art der Malerei, ausgedrückt in einer neuen Kunstsprache. Er ließ sich in New York nieder, behielt aber sein Atelier in Berlin. Seine postmoderne Malerei beschäftigt sich sowohl mit den Impressionisten wie Expressionisten, seine großformatigen Bilder sind den Themen Großstadt, Zivilisation und Kultur gewidmet. Mit seiner Kunst brachte er eine neue Konjunktur und einen neuen Geist in die achtziger und neunziger Jahre.

1996 verwirklicht er sich seinen Jugendtraum, nämlich Willy Brandt künstlerisch darzustellen.[245] Auf die Frage, warum er sich gerade mit Brandt künstlerisch auseinandersetzten wolle, antwortet Fetting: »Darauf kann ich nur ehrlich antworten, dass es für mich immer schon ein Traum war, Brandt zu porträtieren. Als Georg Meistermann vor vielen Jahren das offizielle Porträt von Brandt malte, fand ich das sehr blöde, weil es einfach zu abstrakt war. Zu der Zeit war ich noch ein junger Kunststudent, aber damals schon faszinierte mich die Idee, selbst Brandt zu porträtieren, einfach weil er für mich eine wichtige Figur war.«[246]

Fettings Ziel besteht darin, Brandt in plastischer Form als Agierenden darzustellen, der Dynamik, Charakter und Weitsicht verkörpert. Sein Bildnis soll in hohem Maße wiedererkennbar sein, aber nicht, wie akademische Plastiken, statisch, tot oder langweilig[247], sondern von al-

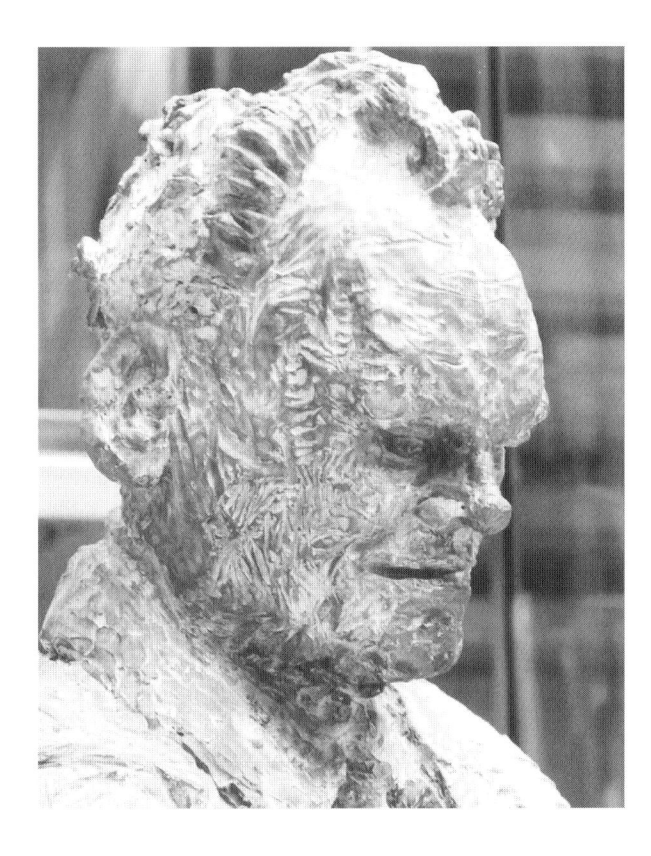

■ Abbildung 62

len Seiten interessant wirken. »Willy muß man auch von hinten erkennen.« [248]

Er modelliert zuerst einen Bozzetto aus Ton, der als Vorlage für die 340 cm hohe und 500 Kilo schwere Statue dient. Später werden die Miniatur-Vorlage (45 Stück) und die große Skulptur aus Plastillin von der Gießerei Noak in Berlin in Bronze gegossen. (■ Abb. 60)

Fetting stellt die Figur im Kontrapost dar. Das linke Bein ist das Spielbein und das rechte das Standbein. Er nimmt der Skulptur, die leicht in sich gedreht ist, das Frontale und zeigt Brandt in Bewegung. »Brandt pflegte vorwärts zu schreiten, mit einem stolzen, majestätischen Gang und mit steifen, angelegten Armen.« Der linke Fuß überschreitet die Plinthe und vermittelt ein Heruntersteigen. Die rechte Schulter dreht sich nach hinten, der rechte Arm ist nach vorne gestreckt. Die geöffnete Hand mit überdimensionalen, gespreizten Fingern greift in den Raum. Der linke Arm ist eng an den Körper angelegt und endet mit der Hand in der Hosentasche. Die Lässigkeit, die die Figur vermittelt, wird durch die weite, faltige Kleidung unterstrichen.

Der Kopf, der im Verhältnis zum Körper größer ist, neigt sich nach unten. Breite und tiefe Furchen, Risse und Erhöhungen bestimmen das Gesicht. (■ Abb. 61) Die Gesichtsfalten auf der Oberfläche wurden geritzt. Die Haare sitzen wie Klumpen über der hohen Stirn. Fetting

Abbildung 63

möchte durch die Formung und Neigung des Kopfes das Meditative von Brandt herausarbeiten. Der gesenkte Kopf mit geöffneten Augen soll Brandt im Moment des Zuhörens, des Nachdenkens zeigen. Er konzentriert sich auf den Gesprächspartner und scheint nach innen zu horchen. Die großen, massig wirkenden Ohren sollen diesen Moment betonen.[249] »Mir war dagegen immer klar, daß der Kopf von Brandt groß sein muß, der ist das Wichtigste, der steht für seine intellektuellen Fähigkeiten, aber auch für seine Bedächtigkeit, seine Aufmerksamkeit, seine Gabe, überlegt zu handeln.«[250] Rainer Fetting, der aus der Malerei kommt, setzt bei der Gestaltung der Skulptur malerische Mittel ein. Seine Linienführung hat etwas von Pinselschwüngen, die Oberflächenstruktur etwas von Farbpartikeln.[251] Bei der Kopfgestaltung ließ der Künstler sich von einem Selbstporträt Van Goghs aus dem Jahre 1889 inspirieren, der mit unregelmäßigen Pinselstrichen und dynamischen Linien den Ausdruck seines Gesichtes herausarbeitete. (■ Abb. 62) An einigen Stellen des Gesichts und des Körpers hat Fetting tiefe Hand- und Fingerabdrücke belassen, um den Arbeitsprozeß zu verdeutlichen und der Statue ihre glatte Oberfläche zu nehmen.

Die tiefen Furchen im Gesicht setzen sich über den ganzen Körper fort. Über den Rücken zieht er Spuren, tiefe Dellen und grobe Linien, die er mit einem Messer aussticht oder mit einem Kantholz bearbeitet. (● Abb. 63, S. 110) (● Szenen im Atelier S. 110, 111) Fetting will durch die Sprödigkeit, das Auf- und Umbrechen der Oberfläche Brandts Erlebnisse und sein Leiden von allen Seiten symbolisieren.[252] Die weite, zerknitterte Kleidung erinnert an die Kleidung eines Arbeiters der Weimarer Zeit. Durch die übergroße, ausgebeulte Hose soll die Plastik eine individuelle Wirkung gegeben werden. Die im Wind flatternde Hose ist als Metapher für den entschlossenen Willen Brandts zu deuten, Widerständen entgegenzugehen.

Zusammenfassend kann man sagen, daß Rainer Fetting versucht hat, viele Facetten des Politikers und Menschen Willy Brandt einzufangen und darzustellen, indem er ihm einen individuellen Ausdruck und subjektiven Charakter verlieh. Dabei verzichtete der Künstler auf offizielle Posen und die Überhöhungen seines Objekts. Fettings Skulptur vereint sowohl positive wie negative Momente aus Brandts Leben. Sie hebt sein Wirken als Demokrat und die Verletzbarkeit der Person gleichermaßen hervor. Die Arbeit des Künstlers stellt eine neue kritische, aber auch realistische Auseinandersetzung mit der Bildhauerei dar, ohne auf Monumentalität zu verzichten.

Als die Skulptur fertig war, befaßte Fetting sich mit seinem eigentlichen Metier, der Malerei. Er bildete Brandt in verschiedenen Situationen ab, versuchte, dasselbe Motiv immer wieder aus anderen Perspektiven zu sehen und neu zu gestalten. Die Bilderreihe beginnt 1996 auf

● Abbildung 64    ■ Abbildung 65    ● Abbildung 66

der Grundlage von Fotographien zum Erfurter Besuch Willy Brandts im März 1970. (● Abb. 64, S. 136; ■ Abb. 65) Fetting wählte jenen emotional starken Moment, als der Kanzler am Fenster des Hotels »Erfurter Hof« erscheint. Den Blick, der in eine unsichtbare Menge gerichtet ist, veränderte er durch neue Konturen und Farbvariationen. Ähnlich wie Georg Meistermann, der davon sprach, daß es kaum zehn Fotos von Brandt gebe, die sich glichen und immer anders seien als das Bild, das man von ihm hat, suchte auch Rainer Fetting nach neuen Ausdrucks- und Darstellungsformen. Der Kopf Brandts steht für ihn immer im Mittelpunkt. (● Abb. 66, S. 137) Als Sitz und Ausdruck der Persönlichkeit beschrieb Fetting ihn mit breiten Pinselstrichen und dick aufgetragener blauer Ölfarbe. Wie seine Skulptur, so soll auch diese Porträtserie verhindern, daß der Demokrat zum Staatssymbol erstarrt.

Wieland Förster und Johannes Heisig – Hoffnung auf eine andere Zeit

Die DDR-Kunst ist heute, zwölf Jahre nach der Wiedervereinigung, aktueller denn je. Ideologische Vorbehalte gegen ihre ehemaligen Staatskünstler und Mitläufer sind groß. Kritische Stimmen sprechen gar von einer wundersamen Verwandlung der Staatskünstler Ost zu Staatskünstlern West. Das westlich geprägte kunstgeschichtliche Gesamtbild läßt nur für wenige DDR-Künstler eine Hintertür offen. Ein Staatsmaler des Ostens könne nicht Repräsentant einer demokratischen Institution sein. Dennoch gibt es nicht wenige, wie Wieland Förster und Johannes Heisig, die trotz ihrer Ämter an der Universität und im Künstlerverband der DDR eine eigene, figurative und abstrakte Kunst verfolgt haben, ohne dem sozialistischen Realismus zu verfallen. Es sind Bilder entstanden, die die innerdeutschen Beziehungen thematisieren – Versuche der Künstler, sich eine eigene Kunstanschauung jenseits der Staatsideologie zu bewahren.

Wieland Förster hat mit der Ablehnung, politische Köpfe zu formen, die Parteidogmen der SED auf brillante Weise unterlaufen. Er hat seine Vergangenheit immer auch ein Stück in seinen Werken verarbeitet. Man kann hier von einer unpolitischen und sehr persönlichen Kunst sprechen. Er zählt heute zu den Hauptvertretern der Bildhauer der ehemaligen DDR und erhielt für sein Lebenswerk das Bundesverdienstkreuz.

Johannes Heisig zeigt in seinen Bildern – aus einem jahrelangen Prozeß entstanden – Formen der Freiheit und existenziellen Selbstbehauptung, die er sich in der DDR-Diktatur erkämpft hat. Er tritt – gewollt oder nicht – in die Fußstapfen seines Vaters, der zu den großen Porträtisten der Gegenwart gehört.

Die Entscheidung beider Künstler, die Politikerfigur Willy Brandt zum Thema zu machen, zeigt deutlich, wie sie mit ihrer Vergangenheit umgehen. Die Politik Brandts war für sie ein Zeichen der Hoffnung auf eine andere Zeit.

Wieland Förster wuchs als Kriegskind auf. 1930 in Dresden geboren, verlor er bereits mit fünf Jahren seinen Vater. Nach dem Angriff auf Dresden 1945 entzog er sich dem Dienst beim Volkssturm und kam wenig später wegen unbefugten Waffenbesitzes in NKWD-Haft nach Bautzen. Erst 1950 erhielt er seine Freiheit zurück. Er durchlebte zwei Diktaturen.

1958 schloß Förster sein Studium der Bildhauerei an der Hochschule für Bildende Künste in Dresden ab. Von 1959 bis 1961 war er Meisterschüler an der Deutschen Akademie der Künste Berlin. 1974 wurde Förster ordentliches Mitglied der Akademie der Künste der DDR und 1978 einer ihrer fünf Vizepräsidenten. 1976 und 1983 erhielt er den Nationalpreis für Kunst und Literatur der DDR. Weitere Auszeichnungen wurden ihm zuteil, so der Heinrich-von-Kleist-Kunstpreis der Stadt Frankfurt/Oder im Jahr 1977. 1985 folgte Försters Berufung zum Ordentlichen Professor.

Nach seinem Austritt aus der Akademie der Künste Berlin 1991 gehörte er zu den Gründungsmitgliedern der Sächsischen Akademie

Abbildung 67

der Künste in Dresden. Im gleichen Jahr erhielt er den Kunstpreis der Stadt Dresden.

Professor Wieland Förster war nie der Mensch, der in der Öffentlichkeit stehen mochte. Seine Werke sind stille und intensive Zeugnisse, die immer wieder sein Leben zwischen Unterdrückung, Diktatur und der Suche nach der reinen, ehrlichen Form dokumentieren. »Bedenken Sie bitte, meine Damen und Herren, daß meine Generation von deutscher Politik auf's Brutalste traumatisiert wurde. Politik dieser Zeit, wenn man sie überhaupt unter diesem Begriff subsumieren darf, stellte sich mir bis 1945 als verabscheuungswürdiges Verbrechen dar. – Meine Kindheitserinnerungen sind voll davon. – Danach dann erfuhr ich die proletarische, sozialistische Diktatur als Entmündigung, Geistesverachtung, Eingriff ins Persönlichkeitsrecht, ins Individuellste, mir selbst auch dann ein Grauen, wenn es im naiven Glauben ans Gute, ans Zukünftige geschah.«[253]

1997 entstand unter Försters Händen eine Bronzestele von Willy Brandt für die Friedrich-Ebert-Stiftung in Berlin. Sie steht seit Dezember 1999 im Foyer des Hauses. »Ich wollte den Menschen Brandt nackt bekommen, um zu zeigen, wie er wirklich war. Ich brauche bei diesem großen Staatsmann keine aufgeplusterte Kleidung, denn dazwischen ist nur Luft.« Die Skulptur mißt eine Höhe von 196 cm. Sie stellt Brandts Kopf im Alter dar. Der angedeutete Körper wächst schlank nach oben. (● Abb. 67, S. 139) Der Blick des Betrachters richtet sich direkt auf den Kopf. Man muß hochblicken, um Brandts Blick zu erfassen, der ins Leere geht. Furchen, Mulden und Spuren der Werkzeuge ziehen sich über das gesamte Werk. Diese Unregelmäßigkeiten in der Oberfläche bilden jedoch insgesamt ein gleichmäßiges Gesamtbild. Nur Rudimente der Arme sind vorhanden, sie sind steif anliegend und enden wie abgerissen am Oberkörper. Die Kleidung kann man nur erahnen. Nach unten hin wird die Stele ausladender. Ein breiter fast eckiger Fuß bildet ihren Abschluß.

Der Kopf ist das eigentliche Werk, der Körper dient nur zur Erhöhung. Die Gesichtszüge Brandts sind klar herausgearbeitet. Und überall finden wir die markanten Spuren des Bildhauers wieder. Sie unterstreichen das, was Brandts Gesicht im Alter ausmacht. Hohe, gerunzelte Stirn, hängende Wangen, ein mit Falten umrandeter, schmaler und geschlossener Mund. Die Augen sind leicht eingefallen und verschwinden in ihren Höhlen. Der Blick geht leicht nach oben und vermittelt dem Betrachter ein Gefühl unüberwindlicher Distanz, was durch den langen, schmal gewachsenen Körper noch verstärkt wird. Wie versunken, nachdenklich sieht Brandt aus. Man hat den Eindruck, als blicke er auf sein Leben zurück.

So, wie Wieland Förster die Willy-Brandt-Stele umsetzte, verfährt er auch mit seinen anderen Porträts. Es sind Werke, die nicht nur den

■ Abbildung 68

Abbildung 69

Porträtierten zeigen, sondern immer auch die Spuren seines Lebens widerspiegeln. Nackte Körper, vom Leben gezeichnet, unter Verzicht auf das Dekorative. Er unterscheidet in seinen Körpern nicht das Geschlecht, denn das ist für ihn, wie er sagt, unwichtig. Er will keine »schönen« Körper formen, dafür hat er viel zu viel Leid und Tod gesehen. Die Plastiken sind eine tiefe Auseinandersetzung mit der Gesellschaft, in der er lebt.

Johannes Heisig, Sohn des bekannten Malers Bernhard Heisig, kam 1953 in Leipzig zur Welt. Er studierte von 1973 bis 1977 an der dortigen Hochschule für Grafik und Buchkunst und arbeitete nebenbei in der Werkstatt seines Vaters. Er war von 1978 bis 1980 Meisterschüler von Gerhard Kettner an der Hochschule für Bildende Künste (HfBK) in Dresden. 1988 wurde ihm dort eine Professur angeboten. Er übernahm den Lehrstuhl für Malerei und Grafik. Seit 1980 werden seine Werke im In- und Ausland gezeigt. Nach seinem Rücktritt vom Amt des Rektors der HfBK, 1991, hielt er Gastseminare an verschiedenen Hochschulen und gründete 1993 ein Atelier in Berlin, wo er seitdem lebt.

Heisig steht in einer Reihe mit bekannten jüngeren Künstlern aus Ostdeutschland und setzt sich kritisch mit Themen der heutigen Zeit auseinander. Er taucht in das Milieu der Hauptstadt ein und malt die Berliner Hinterhofszene. »Hier in Berlin haben wir noch immer – Gott sei Dank – sehr direkt erfahren, daß es dazugehört, die neuen Dinge jetzt rundherum kennenzulernen, neu zu entdecken, letztendlich auch 'ne neue Form der Identitätsbildung zu betreiben. Sich neu zu definieren.«

Anfang 2000 nahm Bundeskanzler Gerhard Schröder ein von Johannes Heisig im Jahr zuvor gemaltes Brandt-Porträt in Empfang.

(● Abb. 69, S. 140) Aus mehreren Kunstwerken wählte Schröder für sein Büro im Willy-Brandt-Haus gerade dieses mit der Begründung aus: »Weil es ein schönes Bild ist«. Auf die Frage, wieso gerade Willy Brandt, antwortete er: »Dies brauche ich Ihnen als Sozialdemokrat wohl nicht erklären.«

1999 hat Heisig insgesamt vier Altersporträts von Willy Brandt angefertigt. Zwei von ihnen, die hier besprochen werden sollen, zeigen den Privatmann, der dem Betrachter sehr offen gegenüber steht. Eines der beiden Bilder hängt im Büro des Bundeskanzlers im Willy-Brandt-Haus, das andere befindet sich in Privatbesitz.

In den beiden Porträts hat der Künstler sein Modell sehr direkt und nah auf die Leinwand gebracht. Kopf, Oberkörper und die Handbewegungen nehmen die gesamte Bildfläche ein. (● Abb. 70, S. 141) Die Porträts zeigen Brandt in Aktion: ins Gespräch vertieft, gestikulierend, den Mund leicht geöffnet und den Blick auf sein Gegenüber gerichtet. Seine Hände treten förmlich aus dem Bild heraus, die lockere Kleidung vermittelt eine ungezwungene Atmosphäre.

Das Licht fällt seitlich auf das Gesicht, dessen Partien förmlich herausgekratzt und grob bearbeitet sind. Farbschichten legen sich transparent übereinander. Die dicke Ölfarbe läßt Heisig an einigen Stellen wie Krater stehen, daneben wieder Risse und Schatten. Brandts Wangen wirken wie aufgeplatzt und roh. Die Augen dagegen, umrandet von überlappenden hellen Farbfeldern, treten klar und scharf hervor. Werkzeugspuren ziehen sich durch das gesamte Bild. Seine typische Maltechnik überträgt Heisig auch auf die Handflächen. Jede einzelne Falte ist dort zu sehen und daneben wieder breite, schnelle Pinselstriche.

Johannes Heisig bringt Kontraste in seine Porträts hinein, arbeitet sich vom Inneren des Bildes vor und kommt so zum Thema. Er formt sie aus der Farbe heraus, übermalt sie immer wieder. Es ist wie ein organischer Prozeß. Die Formen wachsen, greifen in den Raum und bleiben irgendwann stehen. Heisig wählt eine expressive Formensprache, aber immer verbunden mit einem überzeugten Realismus. Mit diesem eigenen Malstil begann er sich bereits in der DDR zu emanzipieren.

● Abbildung 70

8 Willy Brandt und die Laienkunst

Zeit seines Lebens hat Brandt aus allen Teilen der Welt und allen Schichten der Bevölkerung Geschenke, Ehrungen und Auszeichnungen zum Zeichen der Anerkennung erhalten. Seit 1973 befindet sich der größte Personen-Nachlaß der SPD im eigens gegründeten Willy-Brandt-Archiv im Archiv der sozialen Demokratie der Friedrich-Ebert-Stiftung in Bonn.[254]

Der »Kunst«-Bereich erstreckt sich über rund 300 Gemälde, Zeichnungen, Grafiken und Objekte, die sich mit Brandt beschäftigen. Dabei muß man zwischen Geschenken unterscheiden, die ihm in seiner Funktion als Politiker überreicht wurden, und jenen Präsenten, die er aus dem Volk ohne jeden offiziellen Anlaß verehrt bekam.

Die »Devotionalien« können zum größten Teil als Laien- und Volkskunst bezeichnet werden. Hier sollen beispielhaft nur einige von ihnen präsentiert werden, da sich sowohl die Beweggründe der »Künstler« als auch ihre Botschaften oft ähneln und wiederholen.

Ein beliebtes Thema für Laienkünstler war Willy Brandt in »historischen« Momenten, wie beispielsweise während der Verleihung des Friedensnobelpreises 1971. (● Abb. 71, S. 142) Der Aachener Autodidakt Pierre Boffin malte ihn auf dem Festbankett der sechs Nobelpreisträger in Oslo, als Standporträt in Frack und weißem Hemd.[255] (● Abb. 72, S. 143) Die impressionistisch gestaltete Vegetation im Hintergrund setzt sich mit ihrer Farbigkeit und den schnellen, abgehackten Pinselstrichen von der realistischen Darstellung Brandts ab. Boffin schenkte das Porträt dem Altbundeskanzler aus »Sympathie« zu dessen 72. Geburtstag.[256]

Eine andere, häufig gemalte Situation ist der Kniefall am Warschauer Ghettomahnmal 1970. (● Abb. 73, S. 147) William W. Hall aus den USA stellte diese Szene in einem überdimensionalen Rundbild dar. Es scheint, als blicke der Betrachter durch eine Weitwinkellinse. Brandt im Vordergrund, die Hände gefaltet und in sich gekehrt, kniet auf den Stufen der Gedenkstätte. Menschen stehen im Hintergrund und beobachten wie versteinert den unerwarteten Gang der Handlung. Durch die linsenartige Wirkung verzerrt Hall Personen und Landschaft. Er malt die Szenerie in einer naiven, aber realistischen Weise, indem er die Figuren mit kräftigen Farben detailgenau wiedergibt. Der Malstil er-

● Abbildung 71

● Abbildung 72

● Abbildung 73

● Abbildung 74

● Abbildung 75

innert an den sozialistischen Realismus. Der Schauplatz wird mit Symbolen umrandet, die die Vernichtung von Menschen, einen Nazi und das norwegische Exil Brandts darstellen. Der Holzrahmen, auf dem ein Dorngeflecht angebracht ist, soll das Leiden im Dritten Reich verdeutlichen. Die »Bemühungen um die Ostpolitik, die Entspannung« sowie »die Annäherung zum Ostblock« und die »Hoffnung auf Frieden in der Welt«, personifiziert durch Willy Brandt, möchte der Laienkünstler als Botschaft übermitteln.[257]

Es gibt auch Porträts, die Brandt ohne politischen Schauplatz abbilden. Der Laienkünstler Hako beispielsweise malte Brandt 1971 als Redner mit einem Schriftstück in der Hand. (● Abb. 74, S. 144) Hako bediente sich eines kubistischen Malstils, teilte die Erscheinung Brandts in geometrische Flächen ein und umrandete das Gesicht mit harten, blauen Linien.

Ein Sitzporträt von Nikolaus Sagrekow aus dem Jahr 1973 zeigt Brandt als Zuhörer mit Zigarillo. (● Abb. 75, S. 145) Locker, die Beine übereinander geschlagen in einem Sessel zurückgelehnt, blickt er seitlich aus dem Bild. Diese traditionelle Darstellung Brandts als Politiker steht stellvertretend für viele Porträts im Nachlaß.

Auch Büsten, die Brandt in realistischer Manier als Regierenden Bürgermeister von Berlin, als Außenminister und Ehrenvorsitzenden der SPD zeigen, fehlen nicht. Die Verehrung ging so weit, daß der griechische Maler Kostis Iliakis ein Foto Brandts als kleines Kind, das er 1972 im Wochenmagazin »Der Spiegel« gesehen hatte, in Öl nachmalte.[258] Ein amerikanischer Bewunderer stellte Brandt als jubelnden Texaner mit Cowboyhut dar. (● Abb. 76, S. 146)

In den achtziger Jahren wurde Brandt ein chinesisches Service verehrt, auf dem sein Bild in Email gearbeitet worden war, ferner Wand-

● Abbildung 76

LAIENKUNST

Abbildung 77, 78

Abbildung 79

teller, Metall- und Holzreliefs. Fünf Knüpfteppiche aus der UdSSR, Griechenland und der Türkei zeigen eine hochwertige Handwerksarbeit, die ihre eigene Tradition mit Brandts Porträt verbindet. (Abb. 77, S. 148; Abb. 78) Ledercollagen, Sandbilder und Steinmosaike mit dem Konterfei des SPD-Vorsitzenden und Kanzlers lassen die Breite der Möglichkeiten erkennen. (Abb. 79, S. 149)

Die zahlreichen Darstellungen wenig bekannter Künstler und Laienkünstler, die Willy Brandt im Laufe seines Lebens zum Geschenk gemacht wurden, sind Ausdruck der Bewunderung und bleibenden Faszination, die er als Mensch und Politiker in anderen auszulösen vermochte. Bei vielen Porträts fallen die überdimensionierten Maße der Bilder und ihre aufwendige Rahmung ins Auge. Oft stimmen die Proportionen des Gesichts nicht, der Mund ist zu schmal, die Stirn zu hoch, und die Gebärden sind malerisch nicht richtig umgesetzt. Aber spielt das letztlich eine Rolle? »Jedes Bild ist eine Hommage an seine Person«, sagt seine Witwe, Brigitte Seebacher-Brandt. »Dabei ist es zweitrangig, welche Qualität die Porträts besitzen. Mein Mann hat sich über die Bilder gefreut, die künstlerische Beurteilung war für ihn kein Thema. Er hätte sich keines der Bilder aufgehängt, andererseits hätte er sich gewundert, wenn er keine Bilder mehr bekommen hätte.«[259]

Anhang

Anmerkungen

1. Interview Brigitte Seebacher-Brandt mit dem Autor, 1999.
2. Brandt, Willy: Rede des Bundeskanzlers zur Eröffnung der Ausstellung in Bonn am 17.9.1970.
3. Ebd.
4. Böll 1984, S. 8.
5. Rosen 1993, S. 58.
6. Brigitte Seebacher-Brandt im Interview mit dem Autor.
7. Otto Herbert Hajek berichtet, daß Willy Brandt mehrfach die Kunst als »unaussprechliche Dinge« bezeichnete. Interview Otto Herbert Hajek mit dem Autor, 1999.
8. WBA: Schreiben Willy Brandt an Marc Chagall, 7.7.1977.
9. WBA: Beileidstelegramm Willy Brandt an Dorothea Tanning (Ernst), 2.4.1976; Schreiben Dorothea Ernst an Willy Brandt, 7.6.1976.
10. Egon Bahr schreibt auch im Namen von Willy Brandt an HAP Grieshaber anläßlich seines Geburtstages. Darin drückt er die Bewunderung für den Künstler aus, der durch seine Vergangenheit das besondere Recht habe, sich kritisch zur aktuellen Politik zu äußern. »Dank und Glückwunsch auch dem engagierten Mitbürger, der dem braunen Terror Widerstand geleistet hat«. WBA: Schreiben Egon Bahr an HAP Grieshaber, 15.2.1979.
11. Günter Grass, Schriftsteller und zeitgenössischer Künstler, engagierte sich für Brandts Reformpolitik. Er gehörte zu dem Kreis von Künstlern, Literaten und Sozialkritikern, wie Golo Mann, Siegfried Lenz, Klaus Harpprecht und Richard Löwenthal, die Brandt und seine Partei aktiv im Wahlkampf 1969 in der »Sozialdemokratischen Wählerinitiative« unterstützten.
12. Willy Brandt redete zu den Eröffnungen der Ausstellungen des Deutschen Künstlerbundes der Jahre 1970, 1971 und 1973. Vgl. die Publikation »Prisma« des Deutschen Künstlerbundes für die entsprechenden Jahre.
13. Interview Otto Herbert Hajek mit dem Autor, 1999.
14. Ebd.
15. 1933 in Bulgarien geboren, lebt seit 1964 in New York. Vgl. Baal-Teshuva, 1995, S. 94.
16. WBA: Zitat Willy Brandt 1963, aus Zitatsammlung zum Reichstag, 20.1.1977.
17. Interview mit Willy Brandt in: Der Abend, 14.7.1977.

18 Rosen 1993, S. 57.
19 Im Januar 1977 trafen sich Christo und Willy Brandt. Brandt sagte seine Unterstützung zum Verhüllungsprojekt zu und versprach mit Klaus Schütz zu sprechen. Der Künstler überließ ihm, auf Brandts Vorschlag hin, am 14.9.1977 eine Collage des verhüllten Reichstages für sein Büro in Bonn. Damit wollte Willy Brandt seinen Gästen einen Eindruck des Projektes vermitteln. Vgl. Baal-Teshuva, 1995, S. 32 und 81; Abbildung in: Stern, 17.11.1977.
20 Interview mit Willy Brandt in: Der Abend, 14.7.1977.
21 Bundeskanzler Brandt, Reden und Interviews, 1971, S. 30.
22 Vgl. Lenz 1996, S. 9ff.; vgl. auch Marshall 1993, S. 1–8.
23 Vgl. Lenz 1996, S. 16–19.
24 Vgl. Marshall 1993, S. 33–61.
25 Vgl. Schwarz 1994, Band 2, S. 662.
26 Vgl. Brandt, Erinnerungen, S. 38.
27 Vgl. Außenpolitik der Bundesrepublik Deutschland, 1995, Dokumente Nr. 95, 96 und 111.
28 Vgl. Marshall 1993, S. 126.
29 Vgl. Baring 1998, S. 613ff.
30 Vgl. Brandt, Erinnerungen, S. 442.
31 Vgl. Brandt, Reden zu Deutschland, 1990, S. 29f.
32 Blase 1979, S. 16.
33 Schoch 1975, S. 60ff.
34 Rühl, Stadtrevue Köln, Heft 8/1990, S. 110–111.
35 Von Frühjahr 2000 bis Mai 2001 hingen die Kanzlerporträts in der Schloßstraße in Berlin.
36 Konrad Adenauer wurde in seinem Leben von Peter Heckenrath 1956, von Otto Gerster 1958, von Ernst Günter Hansing 1963, zweimal von Graham Sutherland 1963/65, von Oskar Kokoschka 1966, von Josef Blaschke 1966, von Salvador Dali 1967 und von Helga Tiemann 1967 porträtiert. Vgl. Bonner Politikerporträts 1979, S. 50.
37 Sager, Zeitmagazin, 28.7.1978, S. 8ff.
38 Thorn, Süddeutsche Zeitung, 19.2.1980; vgl. auch Heck 1978, Vorwort.
39 Brief Adenauer an Sutherland, 11.3.1965, in: Sutherland malt Adenauer 1978, Anhang.
40 Kurz vor dem Regierungswechsel hat Helmut Kohl das Bild dort aufhängen lassen. Der Leiter der Pressestelle, der das Sutherland-Gemälde als hervorragende Arbeit bezeichnete, räumte ein, daß dieses Bild nie in Betracht gezogen wurde. Außerdem wäre die Hängung des übergroßen Werkes aus rein technischen Gründen in dem Gang der Kabinettsetage nicht möglich gewesen. Bisher konnte noch kein würdiger Platz für das Adenauer-Porträt im Berliner Bundeskanzleramt gefunden werden. Es soll jedoch in nächster Zeit dort aufgehängt werden. Gespräche mit Herrn Gärtner, Leiter der Pressestelle im Bundeskanzleramt (BKA), mit dem Autor, 1999/2002.
41 Rosen 1993, S. 13.
42 Rühl, Stadtrevue Köln, Heft 8/1990, S. 110–111.
43 Sager, Zeitmagazin, 28.6.1978, S. 8.
44 Bundeskanzler a.D. Helmut Kohl im Interview mit dem Autor, 1999.

45 Rölz, Welt am Sonntag, 30.5.1999, S. 39.
46 Ebd.
47 »Wenn man als Bundeskanzler portraitiert wird, dann soll man dazu 'nen dunkelblauen Anzug anziehen, das reicht.« Helmut Schmidt zitiert nach: Sager, Zeitmagazin, 28.6.1978, S. 5.
48 Vgl. Die großen Deutschen im Bild 1937, S. 19ff.; vgl. auch Schoch 1975, S. 11ff.
49 Vgl. Heusinger von Waldegg 1976, S. 15.
50 Vgl. WBA: Schreiben Leiter des BKA an Oswald Petersen, 10.9.1984.
51 Sager, Zeitmagazin, 28.6.1978, S. 8 ff.
52 Ebd.
53 Ebd.
54 Ebd.
55 »Das bisherige Bild«, so Kohl, »passe nicht in die Reihe«. Ob Brandt sich nicht an die »drei bereits vorgegebenen« halten wolle; Helmut Kohl im Gespräch mit Willy Brandt, Kölner Stadt-Anzeiger, 21.2.1978.
56 Vgl. Riese, Die Zeit, 15.2.1985, S. 12.
57 Georg Meistermann 1972, S. 85.
58 WBA: Briefwechsel zwischen Meistermann und Brandt, 15.6.1981 und 5.7.1981.
59 Vgl. Mataré und seine Schüler 1979, Anhang; vgl. auch DuMont's Künstlerlexikon 1991, S. 376.
60 Borger 1971, S. 10ff.
61 Böll 1981, S. 11ff.
62 De la Motte 1971, Vorwort.
63 Ruhrberg 1991, S. 7.
64 WBA: Schreiben Willy Brandt an Joachim Bandau, 21.3.1975, S. 3ff.
65 Vgl. Kunst im Parlament, Köln 1997, S. 118; Meistermann hat sich in vielen Formen für die Rechte von Künstlern eingesetzt, so auch 1972, als er in der Eröffnungsrede zur Jahresausstellung des Deutschen Künstlerbundes die Einführung eines »Museumsgroschens zur Förderung der künstlerischen Tätigkeit und zur Behebung der sozialen Not« der Künstler forderte. Vgl. Eröffnungsrede, Bonn 13.9.1972, in: Georg Meistermann. Werke und Dokumente 1981, S. 140–145.
66 A.a.O., S. 137.
67 Vgl. Herold 1991, S. 101ff.
68 Sello, Zeitmagazin, 28.10.1960.
69 Diederich, Die Welt, 31.8.1973, o.S.
70 Vgl. Meistermann 1972. S. 86.
71 Sello, Zeitmagazin, 28.9.73, S. 2ff.
72 Linfert, Carl in: Vierteljahresschrift für die Freunde der Stadt Köln, Jg. 12 (1973), Heft 4, S. 18.
73 Sello, Zeitmagazin, 28.9.1973, S. 2ff.
74 Ebd.
75 Ebd.
76 Ihlefeld, Vorwärts, 30.8.1973.
77 DuMont, Künstlerlexikon 1991, S. 113–114.

78 WBA: Interview für Porträt-Buch von Marianne Hennemann, April 1987.
79 Meistermann 1972, S. 86ff.
80 WBA: Interview für Porträt-Buch von Marianne Hennemann, April 1987.
81 Zitat Meistermann, 5.9.1973, in: Georg Meistermann. Werke und Dokumente Nürnberg 1981, S. 60.
82 Linfert, 1981, S.53.
83 General-Anzeiger 15.5.79.
84 Vgl. Frank 1981, S. 57.
85 Vgl. General-Anzeiger, 15.5.1979.
86 Vgl. Roeder, Zeitmagazin, 19.10.1973.
87 Sello, Zeitmagazin, 28.9.73, S. 18ff.
88 Vgl. Riese, Die Zeit, 15.2.1985, S. 12.
89 Frankfurter Rundschau, 21.2.78.
90 Stern 13.5.1979; vgl. auch: General-Anzeiger, 15.5.1975.
91 Vgl. WBA: Schreiben Alfred Nau (Vorsitzender der Friedrich-Ebert-Stiftung) an Willy Brandt, 23.5.1979.
92 Vgl. Rosen 1993, S. 13–15.
93 Vgl. WBA: Vermerk Klaus-Henning Rosen an Willy Brandt, 2/1977.
94 Willy Brandt setzte sich für die finanzielle Unterstützung eines umfassenden Oeuvre-Verzeichnisses des Malers Georg Meistermann ein. Vgl. WBA: Briefwechsel zwischen Brandt und Galerie Hennemann und Bundesminister des Inneren, Zeitraum 09/1981.
95 Vgl. Rosen 1993, S. 17.
96 Bolesch 1973, S. 146.
97 Vgl. Rosen 1993, S. 18.
98 Keil, Die Welt, 22.2.1985, S. 23.
99 WBA: Interview für Porträt-Buch von Marianne Hennemann, April 1987.
100 Vgl. Die neue Galerie 1978, Anhang.
101 Rosen 1993 S. 21.
102 Die Welt, 21.2.1978.
103 Spiegel, 9/1978.
104 Parlamentarisch-Politischer-Pressedienst (PPP), 21.01.1978.
105 Sello, Zeitmagazin, 28.9.1973, S. 18ff.
106 General-Anzeiger, 22.2.1985.
107 Horst Pitzen im Interview mit dem Autor, 1999.
108 Antwerpen, General-Anzeiger, 21.2.85.
109 Bonner Rundschau, 21.2.1985; vgl. auch Holzrichter, Express, 20.2.1985, S. 2.
110 Ruhrberg 1978.
111 Vgl. Oswald Petersen Düsseldorf 1978, Biographie.
112 Ruhrberg 1978.
113 Vgl. Sager, Zeitmagazin, 28.7.1978, S. 7ff.
114 Bemerkung Walter Scheels anläßlich der Hamburger Ausstellung des Künstlers Ernst Günter Hansing zu seinem Porträt, zitiert nach Spiegel, 9/1978, S. 211.
115 Heusinger von Waldegg 1979, S. 36.

116 Vgl. WBA: Vermerk Klaus-Henning Rosen an Willy Brandt, 14.12.1982; vgl. auch Spiegel, 18.2.1985, S. 210.
117 Vgl. Antwerpen, General-Anzeiger, 21.2.85.
118 Keil, Die Welt, 22.2.1985, S. 23.
119 Im Juni 1986 wiederholte sich dies. Helmut Kohl lud ihn erneut zu seiner Vernissage »Aspekte zeitgenössischer deutscher Kunst« ins Kanzleramt ein. Vgl. BKA: Informationsschreiben, Beantwortung von Journalistenfragen, 1986; vgl. auch: Antwerpen, General-Anzeiger, 10.5.1986, o.S.
120 Bundeskanzler a.D. Helmut Kohl im Interview mit dem Autor, 1999.
121 Deutsche Presseagentur (dpa), 25.2.1985.
122 BKA: Internes Informationsschreiben, 25.2.1985.
123 Zum Vergleich: In einer Anfrage an das Willy-Brandt-Archiv über die Auswahl eines Brandtporträts zur Präsentation anläßlich der feierlichen Eröffnung des Reichstages am 19.4.1999 schlug der Autor dem Kunstbeauftragten des Auswärtigen Amtes die Hängung des Kanzlerporträts von Georg Meistermann vor. Dies wurde abgelehnt und bemerkt, daß Meistermann ein hervorragender und wichtiger abstrakter Maler sei, wobei die »verfehlte« Porträtmalerei des Künstlers davon ausgegrenzt wurde. Gespräch mit dem Autor, 3.3.1999.
124 BKA: Internes Informationsschreiben der Pressestelle des BKA, 12.2.1985.
125 Klaus-Henning Rosen vermerkte an Willy Brandt, dass Meistermann am 17.12.1984 das Porträt zur Überarbeitung an sich genommen habe. Vgl. WBA: Vermerk, 19.12.1984.
126 Antwerpen, General-Anzeiger, 21.2.85; vgl. auch Herles, Frankfurter Allgemeine Zeitung, 23.2.1985.
127 Kämp, Kölner Stadt-Anzeiger, 21.2.1985.
128 Rosen 1993, S. 23.
129 Süddeutsche Zeitung, 23./24.2.1985.
130 WBA: Vermerk Klaus-Henning Rosen an Willy Brandt, 20.6.1985.
131 Ebd.; vgl. auch WBA: Vermerk Rosen an Johannes Rau, 10.9.1985.
132 Interview im BKA mit dem Autor, 1999; vgl. auch Antwerpen, General-Anzeiger, 10.5.1986.
133 Süddeutsche Zeitung, 23./24.2.1985.
134 »Vorsorglich weise ich noch darauf hin, daß der Bundeskanzler bestrebt ist, bei den Beteiligten bzw. in der Öffentlichkeit den Eindruck zu vermitteln, nicht er habe auf ein Auswechseln des Porträts von Willy Brandt gedrungen, vielmehr habe dieser selbst darum gebeten. Diese Darstellung ist unrichtig.« WBA: Schreiben Klaus-Henning Rosen an Johannes Rau, 6.12.1983. Rosen stellt u.a. richtig, daß nicht Willy Brandt derjenige sei, der sich mit dem Porträt nicht anfreunden könne, sondern Helmut Kohl. WBA: Schreiben Klaus-Henning Rosen an Rüdiger A. Menge, 16.9.1986.
135 Rosen 1993, S. 24.
136 General-Anzeiger, 22.2.1985.
137 Märkisches Museum Berlin, 1993, S. 11.
138 Riese, Die Zeit, 15.2.1985, S. 12.
139 WBA: Glückwunschschreiben Brandt an Georg Meistermann, 16.6.1986.
140 Fleischmann 1993, S. 180.

141 Vgl. Wolff, Der Tagesspiegel, 26.3.1999; vgl. auch Willer, Berliner Kurier, 26.3.1999; vgl. Meyer, Berliner Morgenpost, 26.3.1999; vgl. Landespressedienst aus dem Abgeordnetenhaus, 26.3.1999, S. 2.
142 Vgl. Bonner Politikerporträts 1979, S. 140.
143 Fleischmann 1993, S. 162.
144 Interview Manfred Bluth mit dem Autor, 1999.
145 Ebd.
146 Sager, Zeitmagazin, 28.7.1978, S. 11.
147 Interview Manfred Bluth mit dem Autor, 1999.
148 Ebd.
149 Stern, 23.8.1973, S. 15ff.
150 Interview Manfred Bluth mit dem Autor, 1999.
151 Blase 1979, S. 9.
152 Schmidt, Die Welt, 19.2.1976.
153 Thomas 1998, S. 291.
154 Blase 1979, S. 26.
155 Lippard 1968, S. 82.
156 Osterwold 1989, S. 167ff.
157 Sager, Zeitmagazin, 28.7.1978, S. 11.
158 WBA: Vermerk R. Wilke an Willy Brandt, 13.02.1976.
159 WBA: Schreiben Willy Brandt an Andy Warhol, 13.7.1976.
160 Interview Gabi Hollederer mit dem Autor, 23.04.1999.
161 Schmidt, Bonner Rundschau, 19.2.1976.
162 Schmidt, Die Welt, 19.2.1976.
163 Schmidt, Bonner Rundschau, 19.2.1976.
164 Schmidt, Die Welt, 19.2.1976.
165 Andy Warhol. Retrospektive 1989, S. 9.
166 Pohlen, General-Anzeiger, 3./4.7.1976.
167 Die Vertreter der amerikanischen Pop-Art wie Roy Lichtenstein, Claes Oldenburg, Tom Wesselmann, James Rosenquist und Mel Ramos bedienten sich ebenso dieser farbintensiven Sprache. Vgl. Thomas, 1989, S.195; vgl. auch Pierre 1978, S.38ff.
168 Livingstone 1989, S. 71.
169 A.a.O., S. 65.
170 Das Bild befindet sich dort seit dem 24.6.1976. Vgl. Heusinger von Waldegg 1979, S. 46. Der Verbleib der beiden anderen Porträts »Brandt mit Zigarette« ist dem Autor nicht bekannt.
171 Livingstone 1989, S. 66.
172 Thomas 1989, S. 195.
173 Vgl. Pierre 1978, S. 138ff.
174 Heusinger von Waldegg 1979, S. 48.
175 Beim feierlichen Empfang zum 70. Geburtstag Willy Brandts in der Villa Hammerschmidt brachte die Presse dem Jubilar ein Ständchen. Seebacher-Brandt: »Nachdem das Gruppenfoto mit Brandts Freunden aus aller Welt vor der Villa Hammerschmidt gemacht worden war, trugen die Journalisten ein eingeübtes Ständchen vor. Brandt freute sich sehr. Dies war eine Hom-

mage an Willy Brandt, die nur wenigen Politikern zu Teil wurde.« Interview Brigitte Seebacher-Brandt mit dem Autor, 1999.
176 Im häuslichen Umfeld, im Urlaub in Skandinavien, in Südfrankreich oder beim angeln stellte er sich der Presse zur Verfügung. Vgl. WBA: Fotoarchiv.
177 Kramer, Stuttgarter Zeitung, 30.12.1970; vgl. auch Breitenstein, Frankfurter Rundschau, 30.12.1970.
178 Rede Willy Brandt in: Prisma'70.
179 Außenminister Joschka Fischer im Interview mit dem Autor, 1999.
180 Bundesversammlung, 24.5.1999.
181 Telefonische Anfrage an das WBA mit der Bitte um eine Leihgabe eines Willy-Brandt-Porträts, 1999.
182 Bonner Politikerporträts 1979, S. 143.
183 DuMont Künstlerlexikon, 1991, S. 226.
184 Sammlung deutscher Kunst seit 1945, Band 1, 1983, S. 145.
185 A.a.O., Band 2, S. 865.
186 A.a.O., S. 862.
187 A.a.O., S. 863.
188 Bonner Politikerporträts 1979, S. 143.
189 Kunst in Deutschland 1995, S.61.
190 Zwischendurch wurde das übermalte Brandt-Porträt von C.O. Paeffgen im Kunsthandel für 35.000 Mark angeboten. Angebot an das WBA, 1999.
191 Zum 60. Geburtstag schenkte Rut Brandt ihrem Mann eine von Otto Herbert Hajek für diesen Anlaß angefertigte Plastik (Tisch). Interview Otto Herbert Hajek mit dem Autor, 1999. In seinem Arbeitszimmer als Parteivorsitzender der SPD im Bonner Ollenhauer-Haus hing ein Relief aus Aluminium von Otto Herbert Hajek aus dem Jahr 1967. Ebenso befand sich dort eine Holzplastik des Künstlers in den Farben Rot und Blau. Heute befinden sich die Werke im WBA.
192 WBA: Handschriftliches Glückwunschschreiben Willy Brandt an Otto Herbert Hajek, 24.6.1977.
193 Interview Otto Herbert Hajek mit dem Autor, 1999.
194 WBA: Postkarte von Otto Herbert Hajek an Willy Brandt, 14.7.1979.
195 Willy Brandt lud Otto Herbert Hajek zu privaten Feiern ein wie beispielsweise zur Konfirmation seines Sohnes Matthias. Interview Otto Herbert Hajek mit dem Autor, 1999.
196 Interview Otto Herbert Hajek mit dem Autor, 1999.
197 Otto Herbert Hajek 1987, S. 320.
198 Er begleitete 1988 Helmut Kohl nach Südostasien und Australien, wo er Kunstlandschaften aus farbigen Betonobjekten in die Stadtbilder integrierte. Vgl. Otto Herbert Hajek 1993, S. 41. Anläßlich des ersten deutschen Staatsbesuches in der CSFR 1991 reiste Otto Herbert Hajek in der Delegation des Bundespräsidenten Richard von Weizsäcker mit. Als Berater der Art Hamburg (seit 1990) und Mitglied der Europäischen Akademie der Wissenschaften und Künste (seit 1996) hat er Einfluß auf die Kunstentwicklung in Deutschland. Vgl. Otto Herbert Hajek, 1993, S. 239.
199 Scheel 1989, Vorwort.

200 Späth 1989, S. 11.
201 Schneider 1987, S. 29.
202 Persönliche Widmung, in: Otto Herbert Hajek, 1989.
203 Vgl. Munzinger Archiv, 1997, Infobase [G b013435].
204 Interview Otto Herbert Hajek mit dem Autor 1999
205 Otto Herbert Hajek bezeichnet seine Komposition ausdrücklich als »Porträt«.
206 Interview Otto Herbert Hajek mit dem Autor, 1999.
207 Ebd.
208 Ernst Günter Hansing 1997, S. 50.
209 Heusinger von Waldegg 1976, S. 24.
210 Weitere Porträts: Herbert Wehner 1976, Ludwig Erhard 1977, Walter Scheel 1977, Richard von Weizsäcker 1994, Alfred Dregger 1992, Gerhard Stoltenberg 1988, Christian Schwarz-Schilling 1995, Helmut Kohl 1996. Vgl. Ernst Günter Hansing 1997, S. 38ff.
211 Vgl. a.a.O., S. 38-41.
212 Vgl. a.a.O., S. 50.
213 Loose, Welt am Sonntag, 30.5.1999, S. 103.
214 Frankfurter Allgemeine, 24.8.1995, S. 33.
215 Vgl. José Garcia Y Más 1993, Biographie.
216 Vgl. Nungesser, Informationstext zu José García Y Más, S. 1.
217 Vgl. José Garcia Y Más 1995, Nr. 93/20.
218 Vgl. José Garcia Y Más 1995, Bildteil.
219 Vgl. DuMont's Künstlerlexikon, 1991; vgl. auch: DuMont's Lexikon der Bildenden Kunst, 1990.
220 Für Gerhard Marcks' Arbeitsweise war es untypisch, daß er so viele Vorstudien anfertigte. Antje Schneider, wissenschaftliche Mitarbeiterin der Gerhard-Marcks-Stiftung, im Gespräch mit dem Autor, März 2002.
221 Schreiben Gerhard Marcks an Wilhelmine Hoffmann, Köln, 27.6.1970, Archiv der Gerhard-Marcks-Stiftung Bremen.
222 Antje Schneider, wissenschaftliche Mitarbeiterin der Gerhard-Marcks-Stiftung, im Gespräch mit dem Autor, März 2002.
223 Vgl. Gerhard Marcks 1978.
224 Schreiben Gerhard Marcks an Wilhelmine Hoffmann, Köln, 1.7.1970 aus: Archiv der Gerhard-Marcks-Stiftung Bremen.
225 Schreiben Gerhard Marcks an Wilhelmine Hoffmann, Köln, 13.8.1970, a.a.O.
226 Schreiben Gerhard Marcks an Wilhelmine Hoffmann, Köln, 27.5.1971, a.a.O.
227 Ebd.
228 Schreiben Gerhard Marcks an Wilhelmine Hoffmann, Köln, 6.7.1971, a.a.O.
229 Schreiben Gerhard Marcks an Wilhelmine Hoffmann, Köln, 25.7.1971, a.a.O.
230 A. Paul Weber. »Von der Idee bis zur Vollendung« 1995, S. 45.
231 Regierungserklärung Willy Brandts vor dem Bundestag, 28.10.1969, in: Bundeskanzler Brandt, Reden und Interviews, 1971, S. 13–30.

232 A. Paul Weber 1956, S. 7.
233 Die Lithographie ist erschienen bei Ernst Niekisch: »Hitler – Ein deutsches Verhängnis« 1932, abgedruckt in: A. Paul Weber 1956, S. 13.
234 Kunst im Widerstand 1981, S. 3ff.
235 Ebd.
236 A. Paul Weber. »Von der Idee bis zur Vollendung« 1995, S. 44.
237 Vgl. A. Paul Weber 1978, S. 17 und 110.
238 A.a.O., S. 16.
239 A.a.O., S. 17.
240 A. Paul Weber 1973, Vorwort; vgl. auch A. Paul Weber 1978, S. 16–17.
241 A. Paul Weber 1978, S. 17.
242 Ebd.
243 Das Willy-Brandt-Haus 1970, Einleitung.
244 Hosfeld, Rolf: Was zusammen gehört. Rainer Fettings Willy Brandt (Video 1997).
245 Vgl. Schweifel 1996.
246 Ebd.
247 Hosfeld (Video 1997).
248 Vgl. Schweifel 1996.
249 Ebd.
250 Ebd.
251 Hosfeld (Video 1997).
252 Vgl. Schweifel 1996.
253 Rede zur Eröffnungsfeier des Berliner Hauses der Friedrich-Ebert-Stiftung und Enthüllung der Brandt-Stele am 13.12.1999.
254 Anfang der neunziger Jahre übergab Brigitte Seebacher-Brandt weitere Archivalien und persönliche Gegenstände sowie Bilder dem Archiv. 400 Meter Akten und rund 30 Meter Fotomaterialien, angefangen von Brandts Jugend und der Emigration bis zum Tode, bilden den Bestand des Archivs.
255 WBA: Fotodokumentation zum Festbankett, 13.12.1971.
256 WBA: Schreiben Pierre Boffin an Willy Brandt, 18.11.1985.
257 WBA: Schreiben William W. Hall zu seinem Bild, ohne Datum.
258 WBA: Schreiben Niki Eiderer an Willy Brandt, 18.6.1991.
259 Brigitte Seebacher-Brandt im Interview mit dem Autor, 1999.

Literaturverzeichnis

A. Paul Weber. Graphik, Oldenburg / Hamburg 1956.

A. Paul Weber. »Von der Idee bis zur Vollendung« und »Wir und unsere Umwelt« (Katalog der Ausstellung der Stadt Kappeln), Unkel 1995.

A. Paul Weber. Handzeichnungen 1930–1978 Lithographien. Retrospektive zum 85. Geburtstag (Katalog der Ausstellung im Rheinischen Landesmuseum Bonn 1978), Köln 1978.

A. Paul Weber. Das graphische Werk. Handzeichnungen und Lithographien 1930–1978, herausgegeben von Georg Reinhardt, Bonn 1978.

A. Paul Weber. Kritische Graphik. Handzeichnungen und Lithographien aus vier Jahrzehnten, mit einem Vorwort von Herbert Reinoß, Hamburg 1973.

A. Paul Weber: Politische Zeichnungen seit 1929. Zum Problem von Humanismus und Parteilichkeit, herausgegeben von Werner Schartel, Berlin / Hamburg 1977.

Andy Warhol. Retrospektive, herausgegeben von Kynaston McShine (Katalog der Ausstellung des Museums Ludwig 1989/90), München 1989.

Antwerpen, Marianne: »Hauptstadtnotizen«, in: General-Anzeiger Bonn, 10.5.1986.

Antwerpen, Marianne: »Hauptstadtnotizen«, in: General-Anzeiger Bonn, 21.2.1985.

Außenpolitik der Bundesrepublik Deutschland. Dokumente von 1949 bis 1994, herausgegeben aus Anlaß des 125. Jubiläums des Auswärtigen Amts, Köln 1995.

Baal-Teshuva, Jakob: Christo & Jeanne-Claude, Köln 1995.

Baal-Teshuva, Jakob: Christo. Der Reichstag und urbane Projekte, München 1993.

Baal-Teshuva, Jakob: Die Graphische Sammlung des 20. Jahrhunderts im Rheinischen Landesmuseum Bonn, herausgegeben von Hans M. Schmidt, Band 5, Köln 1996.

Baring, Arnulf: Machtwechsel. Die Ära Brandt-Scheel, Stuttgart 1982.

Blase, Karl Oskar: Politikerporträt. Subkultur und / oder Volkskunst, in: Bonner Politikerporträts (Katalog der Ausstellung im Kasseler Kunstverein Kassel 1979), Kassel 1979, S. 8–36.

Blok, Cor: Geschichte der abstrakten Kunst 1900–1960, Köln 1975.

Bolesch, Hermann Otto: Typisch Brandt. Kanzleranekdoten, München 1973.

Böll, Heinrich: Georg Meistermann. Maler und Zeitgenosse, in: Georg Meistermann. Gemälde 1958–1984, herausgegeben vom Suermondt-Ludwig-Museum (Katalog der Ausstellung im Suermondt-Ludwig-Museum Aachen / im Mittelrheinmuseum Koblenz 1984), Aachen 1984, S. 5–8.

Böll, Heinrich: Georg Meistermann. Maler und Zeitgenosse, in: Georg Meistermann. Werke und Dokumente, herausgegeben vom Archiv für Bildende Künste im Germanischen Nationalmuseum Nürnberg (Katalog der Ausstellung im Germanischen Nationalmuseum Nürnberg), Klagenfurt 1981, S. 11–17.

Bonner Politikerporträts (Katalog der Ausstellung im Kasseler Kunstverein Kassel 1979), Kassel 1979.

Borger, Hugo: Einleitung zu Georg Meistermann (Katalog der Ausstellung im Rheinischen Landesmuseum Bonn und im Mannheimer Kunstverein 1971), Bonn 1971.

Brand(t)meister. Willy Brandt als Regierender Bürgermeister von Berlin. Im Spiegel der Karikatur in Ost und West, herausgegeben von Dieter Dowe, mit einem Vorwort von Egon Bahr und einem einleitenden Essay von Peter Brandt, München / Landsberg am Lech 1996.

Brandt, Willy: Erinnerungen, Frankfurt a.M. 1989.

Brandt, Willy: Rede des Bundeskanzlers zur Eröffnung der Ausstellung in Bonn am 17.9.1970, in: Prisma'70. 18. Ausstellung des Deutschen Künstlerbundes in Bonn im Rheinischen Landesmuseum 1970, Bonn 1970.

Breitenstein, Rolf: »Der Mann des Jahres«, in: Frankfurter Rundschau, 30.12.1970.

Brion, Marcel: Art abstrait, Paris 1956.

Brion, Marcel: Geschichte der abstrakten Malerei, Köln 1960.

Bundeskanzler Brandt: Reden und Interviews, herausgegeben vom Presse- und Informationsamt der Bundesregierung, Melsungen 1971.

Christo & Jeanne-Claude: Verhüllter Reichstag. Berlin 1971–1995. Das Buch zum Projekt, Köln 1995.

Christo. Projekt for Reichstag, Berlin. Collages, Drawings, Scale Model and Photographs (Katalog zur Ausstellung der Annely Juda Fine Art Gallery London 1977), London 1977.

Christo. Wrapped Reichstag. Projekt for Berlin (Katalog der Ausstellung in der Satani Gallery Tokyo 1986), Tokio 1986.

Das Willy-Brandt-Haus, mit einem Vorwort von Inge Wettig-Danielmeier und Oskar Lafontaine, Bielefeld 1997.

De la Motte, Manfred: Vorwort zu Georg Meistermann, herausgegeben von der Galerie Hennemann (Katalog der Ausstellung der Galerie Hennemann Bonn 1977), Bonn 1977.

Deutsche Geschichte in Bildern, herausgegeben von Christoph Stölzl (Katalog der Ausstellung des Deutschen Historischen Museums Berlin), München / Berlin 1995.

Die große Enzyklopädie der Malerei, herausgegeben von Hermann Bauer, Band 6, Freiburg i. Br. 1978.

Die großen Deutschen im Bild, herausgegeben von A. Hentzen und N. von Holst, Berlin 1937.

Die neue Galerie. Ab 21. April 1978 (Katalog der Galerie Hennemann 1978), Bonn 1978.

Die zwanziger Jahre im Porträt. Porträts in Deutschland 1918–1933, herausgegeben von Joachim Heusinger von Waldegg (Katalog der Ausstellung im Rheinischen Landesmuseum Bonn 1976), Bonn 1976.

Diedrichs, Werner: »Von Tizians Karl zu Meistermanns Kanzler«, in: Die Welt, 31.8.1973.

DuMont's kleines Lexikon der Pop Art, herausgegeben von José Pierre, Köln 1978.

DuMont's kleines Sachwörterbuch zur Kunst des 20. Jahrhunderts. Von Anti-Kunst bis Zero, herausgegeben von Karin Thomas, 6. Auflage Köln 1989.

DuMont's Künstlerlexikon, herausgegeben von Herbert Read und Nikos Stangos, überarbeitet von Karin Thomas, Köln 1991.

DuMont's Lexikon der Bildenden Kunst, herausgegeben von Edward Lucie-Smith, Köln 1990.

Feldman, Frayda / Schellmann, Jörg: Andy Warhol Prints. A Catalogue Raisonné 1962–1987, Milan 1997.

Fleischmann, Birgit: Die Ehrenbürger Berlins, Berlin 1993.

Frank, Gertrud: Brief an Georg Meistermann vom 30. September 1973, in: Georg Meistermann. Werke und Dokumente, herausgegeben vom Archiv für Bildende Künste am Germanischen Nationalmuseum Nürnberg (Katalog der Ausstellung im Germanischen Nationalmuseum Nürnberg), Klagenfurt 1981, S. 57.

Fuchs, Peter: Josef Haubrich, Sammler und Stifter. Kunst des 20. Jahrhunderts in Köln, Köln 1959.

Gedanken über einen Politiker. Dieser Mann Brandt (...), herausgegeben von Dagobert Lindlau, München 1972.

Georg Meistermann (Katalog der Ausstellung im Rheinischen Landesmuseum Bonn / Mannheimer Kunstverein 1971), Bonn 1971.

Georg Meistermann. Gemälde 1958–1984, herausgegeben vom Suermondt-Ludwig-Museum Aachen (Katalog der Ausstellung im Suermondt-Ludwig-Museum Aachen / im Mittelrheinmuseum Koblenz 1984), Aachen 1984.

Georg Meistermann (Katalog der Ausstellung der Galerie Hennemann Bonn 1977), Bonn 1977.

Georg Meistermann. Malerei, herausgegeben von Werner Schäfke (Publikation der Ausstellung Josef-Haubrich-Kunsthalle Köln), Köln 1991.

Georg Meistermann. Werke und Dokumente, herausgegeben vom Archiv für Bildende Künste am Germanischen Nationalmuseum Nürnberg (Katalog der Ausstellung im Germanischen Nationalmuseum Nürnberg), Klagenfurt 1981.

Gerhard Marcks 1889–1981. Retrospektive, herausgegeben von Martina Rudloff, München 1989.

Gerhard Marcks 1889–1981. Zeichnungen aus einer Privatsammlung (Katalog der Ausstellung im Museum Katharinenhof Kranenburg 1991 im Städtischen Museum Siegburg 1992), Kranenburg 1991.

Gerhard Marcks: Das plastische Werk, herausgegeben von Günter Busch, mit einem Werkverzeichnis von Martina Rudloff, Frankfurt 1978.

Grass, Günter: Zwanzig Jahre sind genug, in: »Dafür«, Bonn 1969, S. 4–7.

Haftmann, Werner: Deutsche abstrakte Maler. Der silberne Quell, Band 11, Baden-Baden 1953.

Haftmann, Werner: Verfemte Kunst – Bildende Künstler der inneren und äußeren Emigration in der Zeit des Nationalsozialismus, Köln 1986.

Hajek, Otto Herbert: Rede anläßlich der Verleihung des Kulturpreises an Peter Nagel (Kieler Woche) am 10. Juni 1977, in: Otto Herbert Hajek. Werke und Dokumente, herausgegeben vom Archiv für Bildende Kunst im Germanischen Nationalmuseum Nürnberg (Katalog der Ausstellung des Germanischen Nationalmuseums Nürnberg), Neue Folge Band 7, Stuttgart / Zürich 1987, S. 153.

Händler, Gerhard: Deutsche Maler der Gegenwart, Berlin 1956.

Hansmann, Wilfred / Nitsche, Hans: Ernst Günter Hansing. Menschenbild und Abstraktion, Köln 1997.

Heck, Bruno: Vorwort zu Sutherland malt Adenauer. Bilder, Fotos, Dokumente (Katalog der Ausstellung der Konrad-Adenauer-Stiftung Sankt Augustin 1978), Köln 1978.

Held, Jutta: Kunst und Kunstpolitik von 1945–1949, Berlin 1981.

Hentze, Anton: Ernst Günter Hansing, Recklinghausen 1976.

Hermand, Jost: Kultur im Wiederaufbau. Die Bundesrepublik Deutschland 1945–65, München 1986.

Herold, Inge: Studie zur künstlerischen Entwicklung, in: Georg Meistermann. Malerei, herausgegeben von Werner Schäfke (Publikation zur Ausstellung Josef-Haubrich-Kunsthalle Köln), Köln 1991, S. 32–115.

Heusinger von Waldegg, Joachim: Anmerkungen zur Ikonographie des Politikerporträts, in: Bonner Politikerporträts (Katalog der Ausstellung im Kasseler Kunstverein Kassel 1979), Kassel 1979, S. 36–50.

Heusinger von Waldegg, Joachim: Einführung. Das Porträt als Dokument der Epoche, in: Die zwanziger Jahre im Porträt. Porträts in Deutschland 1918–1933, herausgegeben von Joachim Heusinger von Waldegg, (Katalog der Ausstellung im Rheinischen Landesmuseum Bonn 1976), Bonn 1976, S. 9–23.

Hütt, Wolfgang: Deutsche Malerei und Graphik im 20. Jahrhundert, Berlin 1969.

Ihlefeld, Heli: »Kanzler-Biographie in Schwarz-Rot-Gold«, in: Vorwärts, 30.8.1973.

José García Y Más (Katalog der Ausstellung der Ladengalerie Berlin), Berlin 1993.

José García Y Más (Katalog der Ausstellung in der Ladengalerie Berlin), Berlin 1995.

Kämp, Margret: »Kohl bat Brandt um schärfere Konturen«, in: Kölner Stadt-Anzeiger, 21.2.1985.

Keil, Evi: »Fünf Sitzungen für einen ›schöneren Willy‹«, in: Die Welt, 22.2.1985.

Kindlers Malerei Lexikon, Band 4, Zürich 1967.

Knaurs Lexikon Abstrakter Malerei, bearbeitet von H. Biedermann, München 1989.

Kramer, Jürgen: »Statt Nixon Willy Brandt auf der Titelseite«, in: Stuttgarter Zeitung, 30.12.1970.

Kunst im Parlament. Ausgewählte Werke aus der Sammlung des Deutschen Bundestages, herausgegeben vom Deutschen Bundestag, Köln 1997.

Kunst im Widerstand. A. Paul Weber. Politische Zeichnungen seit 1929, herausgegeben von Werner Schartel, Berlin 1977.

Kunst in Deutschland 1898–1973 (Katalog der Ausstellung in der Kunsthalle Hamburg 1973), Hamburg 1973.

Kunst in Deutschland. Werke zeitgenössischer Künstler aus der Sammlung des Bundes, herausgegeben von der Kunst- und Ausstellungshalle der Bundesrepublik Deutschland GmbH. (Katalog der Ausstellung der Kunst- und Ausstellungshalle der Bundesrepublik Deutschland), Bonn 1995.

Kunst stiftet Gemeinschaft. O.H. Hajek. Das Werk und seine Wirkung, herausgegeben von Eugen Gomringer, Stuttgart 1993.

Lenz, Gertrud: Willy Brandt 1913–1992, herausgegeben von der Bundeskanzler-Willy-Brandt-Stiftung (Katalog der Dauerausstellung der Bundeskanzler-Willy-Brandt-Stiftung im Rathaus Schöneberg), Berlin 1996.

Lexikon der Kunst, herausgegeben von L. Alscher u.a., Band 1, Leipzig 1968.

Lippard, Lucy R.: Pop Art, München / Zürich 1968.

Livingstone, Marco: Do It Yourself. Anmerkung zu Warhols Arbeitstechniken, in: Andy Warhol. Retrospektive, herausgegeben von Kynaston McShine (Katalog der Ausstellung des Museums Ludwig 1989/90), München 1989, S. 59–77.

Loose, Hans-Werner: »Der Maler, dem die Mächtigen Modell sitzen«, in: Welt am Sonntag, 30.5.1999.

Lorenz, Einhart: Willy Brandt in Norwegen. Die Jahre des Exil 1933–1940, Kiel 1989.

Man hat sich bemüht. Willy Brandt – sein Leben im Spiegel der Karikatur, mit einem Vorwort von Johannes Rau, herausgegeben von Helmut G. Schmidt, Frankfurt a.M. 1992.

Märkisches Museum Berlin. Das Porträtgemälde Walther Rathenaus von Edvard Munch 1907, herausgegeben von der Kulturstiftung der Länder in Verbindung mit dem Märkischen Museum Berlin, Berlin 1993, S. 11–25.

Marshall, Barbara: Willy Brandt. Eine politische Biographie, Bonn 1993.

Mataré und seine Schüler. Beuys – Haese – Heerlich – Meistermann (Katalog der Ausstellung der Akademie der Künste Berlin 1979), Berlin 1979.

Meyer, Jan: »Gorbi für die Galerie«, in: Berliner Morgenpost, 26.3.1999.

Niekisch, Ernst: »Hitler – Ein deutsches Verhängnis«, o.O. 1932.

Nungesser, Michael: Informationstext. Kurzbiographie zu José García Y Más, o.O. / o.J.

Osterwold, Tilman: Pop Art, Köln 1989.

Oswald Petersen. Gemälde 1923–1977 (Katalog der Ausstellung der Städtischen Kunsthalle Düsseldorf 1978), Düsseldorf 1977.

Otto Herbert Hajek. Die Durchdringung des Lebens mit Kunst, herausgegeben vom Archiv für Bildende Kunst im Germanischen Nationalmuseum Nürnberg, Stuttgart / Zürich 1987.

Otto Herbert Hajek. Kunst stiftet Gemeinschaft. Das Werk und seine Wirkung, herausgegeben von Eugen Gomringer, Stuttgart / Berlin / Köln 1993.

Otto Herbert Hajek. Werke und Dokumente, herausgegeben vom Archiv für Bildende Kunst im Germanischen Nationalmuseum Nürnberg, Neue Folge Band 7, Stuttgart / Zürich 1987.

Pohlen, Annelie: »Kunst, Politik und Wohltätigkeit«, in: General-Anzeiger Bonn, 3./4.7.76.

Porträt 1. Der Herrscher. Graphische Bildnisse des 16.–19. Jahrhunderts aus dem Porträtarchiv Diepenbroik (Katalog der Ausstellung des Westfälischen Landesmuseums für Kunst und Kulturgeschichte Münster 1977), Münster 1977.

Prisma'70. 18. Ausstellung des Deutschen Künstlerbundes in Bonn im Rheinischen Landesmuseum 1970, Bonn 1970.

Rainer Fetting, herausgegeben vom Museum Folkwang Essen (Katalog der Ausstellung im Museum Folkwang Essen / Kunsthalle Basel 1986), Essen 1986.

Reden zu Deutschland. Willy Brandt. »... was zusammengehört«, Bonn 1990.

Richter, Horst: Geschichte der Malerei im 20. Jahrhundert, Köln 1985.

Richter, Horst: Malerei der sechziger Jahre, Köln 1990.

Riese, Hans Peter: »Die vertauschten Köpfe«, in: Die Zeit, 15.2.1985.

Rölz, Rebeca: »Ahnengalerie der Demokraten«, in: Welt am Sonntag, 30.5.1999.

Rölz, Rebeca: »Dem Maler, dem die Mächtigen Modell sitzen«, in: Welt am Sonntag, 30.5.1999.

Rosen, Klaus-Henning: Georg Meistermann malt Willy Brandt. Eine Dokumentation, mit einem Vorwort von Rudolf Scharping, Bad Honnef 1993.

Ruetz, Michael: Das Willy-Brandt-Haus, Göttingen 1996.

Rühl, Bettina: »Du sollst dir ein Bildnis machen«, in: Stadtrevue Köln, Heft 8, 1990, S. 110–111.

Ruhrberg, Karl: Albumblatt für Oswald Petersen. Landschaften und Porträts. 1. November 1977, in: Oswald Petersen. Gemälde 1923–1977 (Katalog zur Ausstellung der Städtischen Kunsthalle Düsseldorf), Düsseldorf 1977.

Ruhrberg, Karl: Die Malerei unseres Jahrhunderts, Düsseldorf / Wien / New York 1987.

Ruhrberg, Karl: Einführung zu Georg Meistermann. Malerei, herausgegeben von Werner Schäfke, Köln 1991.

Sager, Peter: »Bonner Köpfe in Öl«, in: Zeitmagazin, Nr. 31, 28.7.1978.

Sammlung deutscher Kunst seit 1945, herausgegeben vom Städtischen Kunstmuseum Bonn, 2 Bände, Köln 1983.

Scheel, Walter: Vorwort zu Otto Herbert Hajek. Werke und Dokumente, herausgegeben vom Archiv für Bildende Kunst im Germanischen Nationalmuseum Nürnberg (Katalog der Ausstellung des Germanischen Nationalmuseums Nürnberg), Neue Folge, Band 7, Stuttgart / Zürich 1987.

Schmalenbach, Fritz: Die Malerei der Neuen Sachlichkeit, Berlin 1973.

Schmidt, Lothar: »Wie Warhol den SPD-Chef porträtiert«, in: Die Welt, 19.2.1976.

Schmidt, Siegfried: »Andy Warhol kam und Bonn stand Kopf«, in: Bonner Rundschau, 19.2.1976.

Schneider, Helmut: Denk-Male oder Wegweiser, in: Otto Herbert Hajek. Die Durchdringung des Lebens mit Kunst, herausgegeben vom Archiv für Bildende Kunst im Germanischen Nationalmuseum Nürnberg, Stuttgart / Zürich 1987, S. 29–31.

Schoch, R.: Das Herrscherbild in der Malerei des 19. Jahrhunderts, München 1975.

Schwarz, Hans-Peter: Adenauer, Band 2: Der Staatsmann. 1952–1967, München 1994.

Schweifel, Heinz Peter: Interview mit Rainer Fetting, in: Willy Brandt. Die Skulptur von Rainer Fetting, Texte von Helge Bofinger, Berlin 1996, S. 1–78.

Smerling, Walter: »Kunst und Kanzler«, in: Magazin für Politik, Wirtschaft, Beruf, 11/1985, S. 26–27.

Späth, Lothar: Otto Herbert Hajek – Werke und Dokumente, in: Otto Herbert Hajek. Werke und Dokumente, herausgegeben vom Archiv für Bildende Kunst im Germanischen Nationalmuseum Nürnberg (Katalog der Ausstellung des Germanischen Nationalmuseums Nürnberg), Neue Folge, Band 7, Stuttgart / Zürich 1987, S. 11–12.

Sutherland malt Adenauer. Bilder, Fotos, Dokumente (Katalog der Ausstellung der Konrad-Adenauer-Stiftung Sankt Augustin 1978), Köln 1978.

Thomas, Karin: Bis heute. Stilgeschichte der bildenden Kunst im 20. Jahrhundert, Köln 1971, 10. Auflage Köln 1998.

Thorn, F.: »Tod eines Unabhängigen«, in: Süddeutsche Zeitung, 19.2.1980.

Vogt, Paul: Malerei der Gegenwart, München 1981.

Willer, Beate: »Techno-Maler porträtierte Gorbi für die Ehrengalerie«, in: Berliner Kurier, 26.3.1999.

Willy Brandt. Die Skulptur von Rainer Fetting, Berlin 1996.

Wolff, Mike: »Ein Ehrenplatz für Gorbatschow«, in: Der Tagesspiegel, 26.3.1999.

Danksagung

Viele Personen haben mir bei meiner Arbeit geholfen, an erster Stelle meine Frau Katrin, die mich liebevoll begleitete. Frau Dr. Brigitte Seebacher-Brandt ließ mir wichtige Informationen und ihre wohlwollende Unterstützung zuteil werden. Bei Prof. Heijo Klein (Kunsthistorisches Institut der Universität Bonn) erhielt ich meine wissenschaftliche Ausbildung. Die Friedrich-Ebert-Stiftung förderte die Drucklegung dieses Buches finanziell. Ihre Mitarbeiter, insbesondere Frau Gertrud Lenz und Herr Prof. Dr. Dieter Dowe, standen mir bei meinem Vorhaben darüber hinaus stets hilfreich zur Seite. Dies gilt ebenso für die Mitarbeiter des Bundeskanzleramtes und des Berliner Abgeordnetenhauses. Last but not least sind die Künstler zu nennen, von denen hier die Rede war. Ihnen allen sei herzlich gedankt.

Katalogteil

Szenen im Atelier

Willy Brandt während einer Modellsitzung bei Georg Meistermann, Juni 1977

Blick in das Atelier von Georg Meistermann, 6.7.1977

Willy Brandt und Georg Meistermann während einer Modellsitzung, Juni 1977

Willy Brandt während einer Modellsitzung bei Georg Meistermann am 9.5.1977

Rainer Fetting, Die kleine Willy-Brandt-Skulptur
1996, Ton, ca. 80 cm

Die Entstehung der großen Willy-Brandt-Skulptur im Atelier von Rainer Fetting
1996, Plastillin, 340 cm

Blick ins Atelier Fetting: Die kleine und große Willy-Brandt-Skulptur

Szenen im Atelier

Bildteil

Georg Meistermann, Willy Brandt 1977/1985 (überarbeitete Fassung)
Öl auf Leinwand, 106 x 86 cm

Oswald Petersen, Willy Brandt 1985
Öl auf Leinwand, 105 x 85 cm

Hans Jürgen Kallmann, Konrad Adenauer 1963
Öl auf Leinwand, 140 x 100 cm

Günter Rittner, Ludwig Erhard 1974
Öl auf Leinwand, 100 x 80 cm

Günter Rittner, Kurt Georg Kiesinger 1976
Öl auf Leinwand, 110 x 90 cm

Bernhard Heisig, Helmut Schmidt 1986
Öl auf Leinwand, 120 x 100 cm

Graham Sutherland, Konrad Adenauer 1965
Öl auf Leinwand, 144 x 123 cm

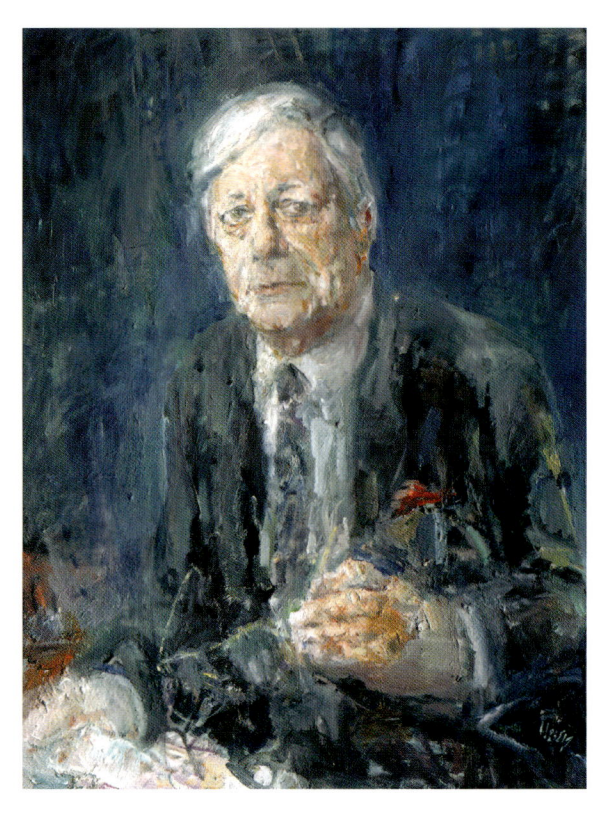

Bernhard Heisig, Helmut Schmidt 1986/88
Öl auf Leinwand

Georg Meistermann, Walter Scheel 1976/77
Öl auf Leinwand, 114 x 90 cm

Georg Meistermann, »Farbige Notizen zur Biographie des Bundeskanzlers Brandt« 1969–73
Öl auf Leinwand, 120 x 70 cm

Georg Meistermann, Willy Brandt 1977
Öl auf Leinwand, 106 x 86 cm

Walter Muth, Herbert von Karajan o. J.
Öl auf Leinwand, ca. 110 x 95 cm

Johannes Grützke, Richard von Weizsäcker 1992
Öl auf Leinwand, ca. 130 x 110 cm

Helga Tiemann, Hans Reif 1972
Öl auf Leinwand, ca. 140 x 110 cm

Manfred Bluth, Willy Brandt 1973
Öl auf Leinwand, 121 x 99 cm

Andy Warhol, »Willy Brandt mit Zigarette« 1976
Siebdruck / Acryl auf Leinwand, 100 x 100 cm

Andy Warhol, »Willy Brandt mit Zigarette« 1976
Siebdruck / Acryl auf Leinwand, 100 x 100 cm

Lambert Maria Wintersberger, Willy Brandt 1978
Öl auf Leinwand, 130 x 105 cm

C.O. Paeffgen, Willy Brandt 1972
Acryl auf Leinwand, 150 x 100 cm

Otto Herbert Hajek, Willy Brandt 1971
Serigraphie, 70 x 80 cm

Ernst Günter Hansing, »Hommage à Willy Brandt« 1989/93
Serigraphie aquarelliert, 76 x 57 cm

Ernst Günter Hansing, Herbert Wehner 1976
Öl auf Leinwand, 130 x 125 cm

José García Y Más, »Die Löwenbändiger« 1985
Öl auf Leinwand, 200 x 250 cm

José García Y Más, »Generationswechsel« 1987
Öl auf Leinwand, 190 x 135 cm

Gerhard Marcks, Bleistiftskizzen zu Brandts Kopf o. J.

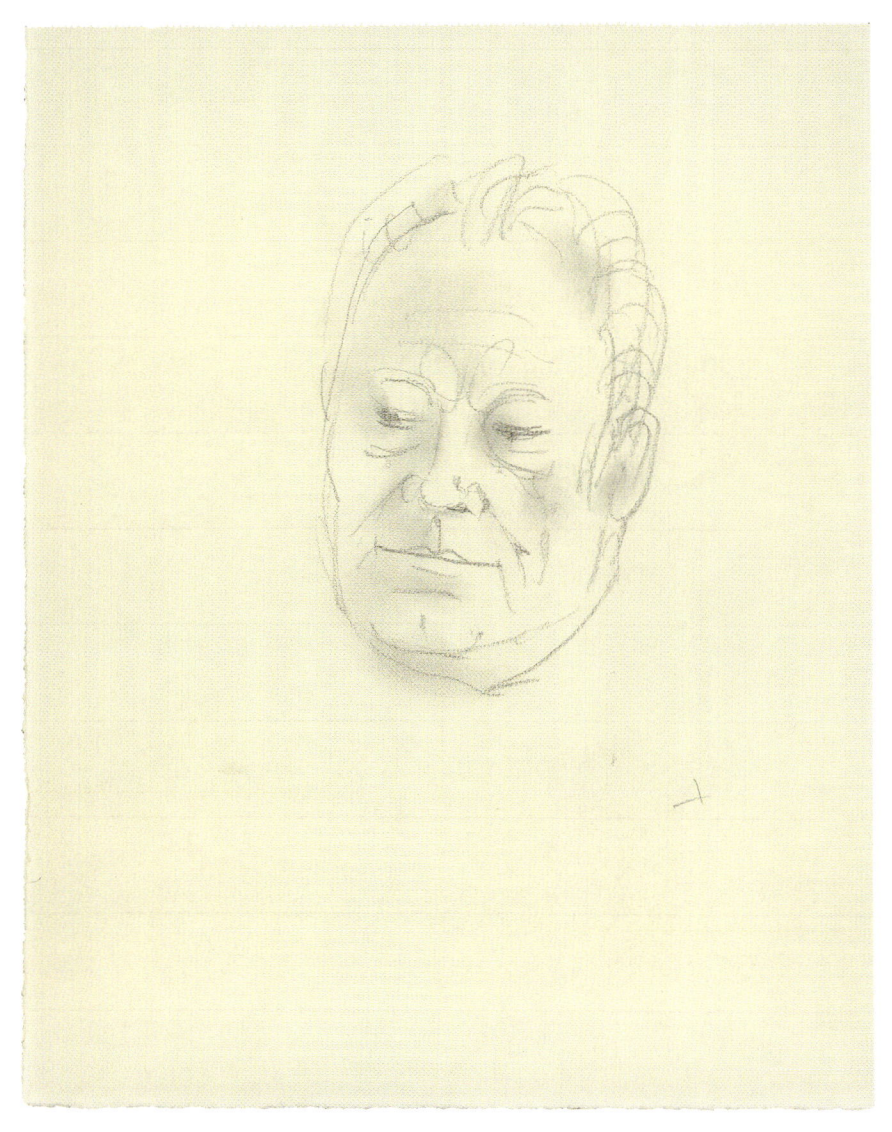

Gerhard Marcks, Bleistiftskizze zu Brandts Kopf o. J.

Gerhard Marcks, Willy Brandt 1971
Bronze, ca. 45 cm

Andreas Paul Weber, »Harte Nüsse« 1972
Lithographie, 38,5 x 29,5 cm

Rainer Fetting, »Mann am Fenster (Willy Brandt)« 1996
Öl auf Leinwand, 300 x 150 cm

Rainer Fetting, »Willy« 1996
Öl auf Leinwand, 130 x 90 cm

Willy-Brandt-Skulptur von Rainer Fetting 1996
Bronce, 340 cm

Wieland Förster, Willy-Brandt-Stele 1997
Bronze, 196 cm

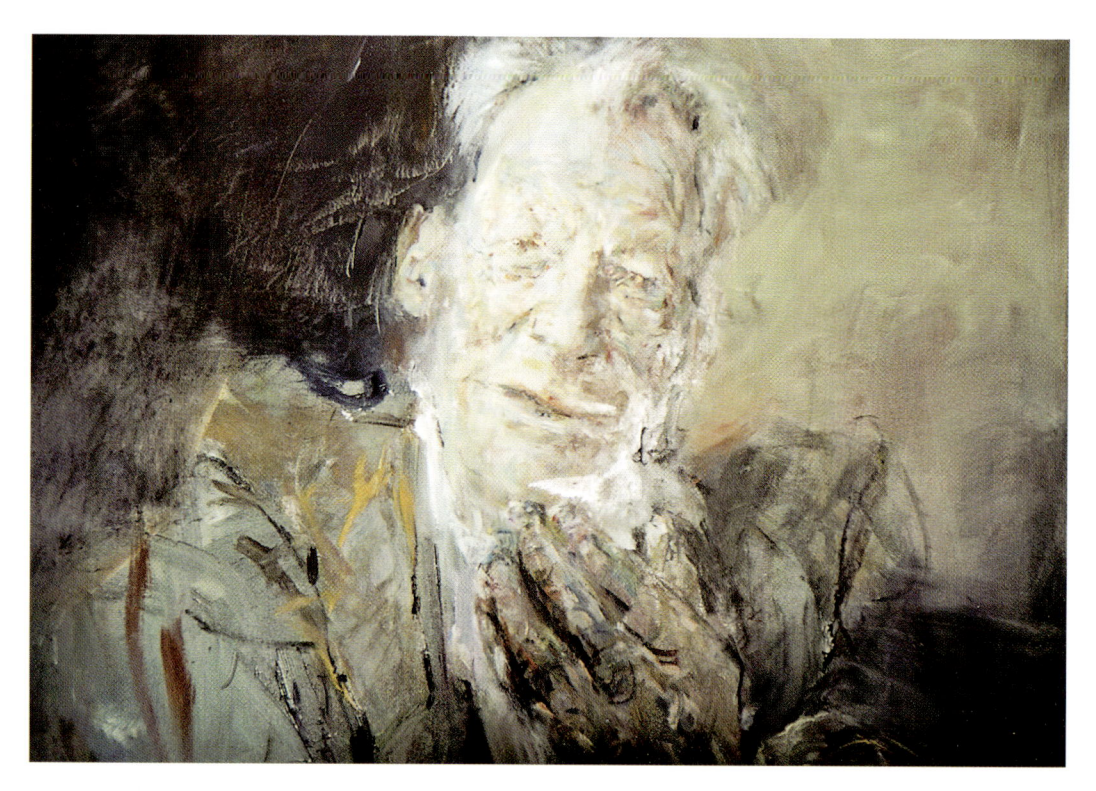

Johannes Heisig, Willy Brandt 1999
Öl auf Leinwand, 80 x 100 cm

Johannes Heisig, Willy Brandt 1999
Öl auf Leinwand, 70 x 50 cm

Alexander A. E. Müller, Willy Brandt mit Friedenstaube o. J.
100 x 70 cm

Pierre Boffin, Willy Brandt als Nobelpreisträger 1971
Öl auf Leinwand, 110 x 88 cm

Hako, Willy Brandt mit Redezettel 1971
Öl auf Leinwand, 103 x 80 cm

Nikolaus Sagrekow, Willy Brandt 1973
Öl auf Leinwand, 133 x 108 cm

Unbekannt, Willy Brandt als Cowboy o. J.
75 x 50 cm

William W. Hall, Kniefall am Ghettomahnmal in Warschau o. J.
Öl auf Holz, Durchmesser 140 cm

Maria Berstein, Willy Brandt 1975
Knüpfteppich, 80 x 50 cm (Ausschnitt)

Monogrammist P.M., Willy Brandt o. J.
Mosaik, 63 x 48 cm

Zwei Interviews mit Wieland Förster und Johannes Heisig

Interview mit Wieland Förster

AUTOR: *Sie haben im Auftrag der Friedrich-Ebert-Stiftung eine Willy-Brandt-Stele gefertigt. Sollte ursprünglich nicht eine Büste entstehen?*

FÖRSTER: Es war nur von einem Kopf die Rede. Ich habe gesagt, wenn Sie in einem so repräsentativen offenen Gebäude eine Büste aufstellen wollen, dann habe ich gewaltige Bedenken. Ich sage Ihnen ganz ehrlich: Willy Brandt ist zu wichtig, als daß ihn jede Reinemachfrau oder jeder Hausmeister unter den Arm nimmt und in den Keller schafft. Verstehen Sie, ich zwinge die Leute zur Würde, indem sie einen Riesenaufwand betreiben müssen, um diese Stele durch den Raum zu schieben. Die Auftraggeber waren einverstanden, sie waren kooperativ und an der bestmöglichen Umsetzung interessiert.

AUTOR: *Wie ich aus Ihrer Vita entnehmen kann, haben Sie es bisher vermieden, einen Politiker zu porträtieren. Wieso haben Sie bei der Person Brandt ihren Vorsatz gebrochen?*

FÖRSTER: Ich bin ein geübter Porträtist, ich mache das schon seit meinem dreißigsten Lebensjahr, ich habe so ca. 74 Skulpturen geschaffen. Aber die Brandt-Stele ist insofern etwas ganz Besonderes in meinem Werk und wird auch keine Wiederholung finden. Ich mache nur Künstler, verstehen Sie, vielleicht noch meine Haushälterin, aber ich thematisiere keine Politiker, weil Politik immer mit Macht und Mißbrauch verbunden ist. Auch der beste Politiker hat kriminelle Energien in sich. Das ist kein Vorwurf. Ich glaube, ein Politiker, der nicht bereit ist, seine Macht auszunutzen, den gibt es nicht. Und da ich wußte, daß jede Macht, je höher man steigt, auch mit Machtmißbrauch verbunden ist, habe ich mir gesagt, diese Kategorie Mensch schließe ich in meinem Schaffen aus. Die DDR-Parteiführung kam damals auf mich zu und wollte mich zu ihrem »Hofplastiker« ernennen. Ich sollte Lenin und Liebknecht bildhauerisch umsetzen. Hätte ich nur einmal ein solches Porträt geformt, wäre ich nie wieder aus diesen korrupten Machenschaften herausgekommen. Das sollen andere machen, habe ich ihnen gesagt, und das habe ich durchgehalten bis zu dem Moment, als die Friedrich-

Ebert-Stiftung mich bat, eine Statue von Willy Brandt zu formen. Ich habe gezögert und um ein halbes Jahr Bedenkzeit gebeten. In der Zeit habe ich mich mit seiner Vita beschäftigt. Und dann hatte ich das Gefühl, daß man für Brandt einmal diesen Vorsatz durchbrechen kann. Ich hätte es für keinen anderen Politiker getan.

Autor: *Was hat Sie an Brandts Lebensweg so überzeugt?*

Förster: Es ist die gemeinsame Vergangenheit – der Kampf im Untergrund, die gemeinsame Antifa-Jugend. Ich hatte eine schwere Kindheit. Ich war im Vergleich zu Brandt kein uneheliches Kind, aber doch Halbwaise. Ich hatte irgendwie das Gefühl, was auch zur eigenen Vergangenheitsbewältigung beigetragen hat, daß die Arbeit über Willy Brandt in mein Werk hineinpaßt.

Mein Vater starb an einem Kriegsleiden, als ich 5 Jahre alt war. Wir waren fünf Kinder, in äußerster Not, unterste Sozialklasse. Meine Mutter, eine unheimlich tatkräftige Frau, gab uns den Mut zum Leben. Ich war genau wie Willy Brandt nie im Dienst der Nationalsozialisten. Mir waren die Herren Heilführer und Klassenkameraden, die begeistert ihre rechte Hand erhoben, zuwider.

So bin ich mit den Nazis mehrfach frontal zusammen gestoßen. Und als ich 1944 in die Lehre ging, kam ich in den Kreis verdeckter junger Antifaschisten, der allerdings von England aus gesteuert wurde. Wir waren noch Kinder und haben mit allen Mitteln den Kriegsdienst verweigert. Na ja, ich war der geborene Antifaschist. Und das war für mich sozusagen die Brücke zu Willy Brandts Leben. Bis zu Brandts Emigration nach Norwegen hätten unsere Lebenswege identisch sein können.

Autor: *Sie spürten also eine große Nähe zu Brandt?*

Förster: Ja, und ich hatte damals schon den Verdacht, der Mann ist weicher, empfindsamer und verletzbarer, als ich ihn aus den Medien her kannte. Ab dem Mauerbau konnte ich seinen politischen Werdegang ja nur vom Fernseher aus verfolgen. Ich habe mir direkt einen Fernsehapparat gekauft, einen kleinen japanischen für ein Vermögen von 3.500 Mark. Damals verdiente ein Ingenieur ja gerade mal 200 Mark. Dadurch war ich – zumindest medial – keinen Tag vom Westen abgeschnitten bis zur Wiedervereinigung. Ich habe Willy Brandt tagesaktuell erlebt, als Regierenden Bürgermeister, Außenminister und Bundeskanzler. In seiner Berliner Zeit sah er nicht so gut aus – also aus der Sicht eines Künstlers – das Gesicht war noch wenig durchgeistigt. Mit seiner Locke oben im Haar sah er schon ein wenig ulkig aus, wie ein Eintänzer aus der Vorstadt. Aber seine Ehrlichkeit gefiel mir, was sich besonders im historischen Kniefall in Warschau äußerte. Brandt suchte einen neuen politischen Weg, aber stets mit erhobenem Haupt. Er verzichtete auf den Trickreichtum, den andere Politiker praktizierten.

Ich habe für mich weiter gearbeitet, Skizzen angefertigt, Fotos in die nähere Auswahl gezogen. Mir wurde immer mehr klar, daß er durch seine empfindsame und leicht zu beeinflussende Art eigentlich nicht in die Politik gehörte. Und dies wollte ich in meiner Skulptur sichtbar machen.

AUTOR: *Wie lange haben Sie an der Brandt-Stele gearbeitet?*

FÖRSTER: Für die Stele habe ich lange gebraucht. Es ist ein Posthum-Porträt, er konnte mir leider nicht Modell sitzen. Dafür muß man sehr viel mehr Zeit investieren. Dazu kommt, wenn man bei der Arbeit oben auf der Leiter den Kopf formt und ihn dann wieder aus der Bodenperspektive sieht, wirkt alles wieder falsch. Eine Stele in der Größe ist »ziemlicher Mord«.

AUTOR: *Gab es Vorgaben des Auftraggebers?*

FÖRSTER: Nein, die Arbeit ist in völliger Freiheit entstanden. Anders wäre das auch nicht gegangen. Es war ein sehr großes Vertrauen, das die Stiftung in meine Arbeit setzte.

AUTOR: *Wenn man das Foyer der Stiftung betritt, richtet sich der Blick des Besuchers direkt auf den Kopf Brandts. Haben Sie sich bei Ihrer Arbeit mit der Sicht des Betrachters auseinandergesetzt?*

FÖRSTER: Ja, das habe ich. Ich habe eine riesige Kunstmasse verwendet, um dies zu erreichen. Der Besucher kommt rein, von unten hoch in das Gebäude und nimmt quasi einen Anflug auf die Skulptur. Ich habe versucht, einen Anziehungspunkt zu schaffen, ich wollte nicht, daß man ihm zuerst auf den Bauch schaut. Und dort kann sich der Blick des Interessierten nicht festhalten, er kann den Körper nur erahnen. Jedoch soll die Stele nicht zum Spielball werden.

AUTOR: *Der Blick Brandts nimmt keinen Kontakt zum Betrachter auf. Durch den schlanken, reduzierten Körper, der weit nach oben wächst, wird die Distanz noch verstärkt. Soll der Betrachter sinnbildlich hinaufblicken?*

FÖRSTER: Willy Brandt schaut etwas über den Betrachter hinweg. Wenn man davor steht, gebietet die deutsche Sprache zu sagen: Ich schaue »auf« das Werk und nicht »hinab«. Es steht einem nicht zu, auf Willy Brandt hinabzuschauen. Und das ist der große Fehler bei Büsten auf niedrigem Sockel. Man darf die Köpfe nicht so tief setzen, sie müssen etwas unter der Augenhöhe stehen. Aber viele stellen sie runter, um auf »große Männer« herabzublicken, das beruhigt sie ungemein. Den Spaß verderbe ich euch, habe ich mir gesagt, ihr müßt zu ihm aufschauen.

Autor: *Der Torso ist nur angedeutet, die Arme fehlen. Viele Künstler – so auch Rainer Fetting – arbeiten gerade die typischen Handbewegungen heraus, sozusagen als Brandts äußeres Markenzeichen. Warum haben Sie darauf verzichtet?*

Förster: Ich habe in meinem gesamten Lebenswerk auf alles verzichtet, was »Literatur« ist. Denn wenn ich etwas erzählen will, wie zum Beispiel: Brandt raucht eine Zigarette oder Brandt hält seine Brille, dann ist das Literatur und keine Kunst. Wenn ich solche Attribute brauche, dann bin ich geistig dem Porträtierten nicht gewachsen. Meine Theorie ist, daß die Form der Inhalt sein muß, und wenn mir die Form etwas nicht mitteilt, dann nutzt es auch nichts, wenn ich sie eine Geste machen lasse. Ich habe mich damals entschlossen, figurativ zu bleiben, weil ich Wert auf den Menschen lege. Alles andere ist – verzeihen Sie – Mist und gestischer Realismus, der so etwas von abgegessen ist. Wer Brandt in Aktion sehen will, sollte sich einen Film anschauen.

Autor: *Ist diese Theorie auch auf die Bekleidung anwendbar?*

Förster: Ja, genauso verhält es sich auch mit der Kleidung. Ein Bildhauer arbeitet mit dem Volumen und formt nicht nur das Äußere. Der Körper und die Bekleidung stehen im Widerspruch, denn zwischen ihnen ist nur Luft, die unwirklich und undefinierbar ist. Sie hat keine geistige Dimension. Und deswegen fehlt sie auch bei Brandt. Manchmal mache ich einen Schnitt am Hals der Plastik, so daß der Betrachter assoziieren kann, das könnte ein Hemd oder eine Jacke sein. Es wird aber nie Kleidung sein, immer nur Volumen.

Autor: *Wie würden Sie ihr Werk in der Kunstgeschichte einordnen?*

Förster: Bernhard Heiliger, den ich sehr bewundere, hat damals Ernst Reuter künstlerisch dargestellt. Die Kunsthistoriker haben sein Werk als typische Sechziger-Jahre-Kunst und als Wirtschaftswunder-Kunst bezeichnet. Da wäre ich nie drauf gekommen, Kunst mit »Nierentischen« zu verbinden. Davor will ich mich eigentlich innerlich bewahren. Dann bin ich lieber etwas näher an der traditionellen Bildhauerei und etwas weiter weg von der Modernen als an der Nierentischkunst.

Autor: *Wie waren die Reaktionen auf Ihr Werk?*

Förster: Die Mitglieder des Vorstandes der Friedrich-Ebert-Stiftung waren zuerst erschrocken, als sie die Stele sahen. Es war für sie zunächst sehr fremd, sie haben das Werk auf sich wirken lassen. Dann habe ich ihnen erklärt, daß das klassische Personendenkmal durch die Nazizeit und durch das ausgehende 19. Jahrhundert bis hinein in das 20. Jahrhundert geistig ruiniert wurde. Und das wollte ich auf keinen Fall fortführen.

Autor: *Georg Meistermann hat Anfang der siebziger Jahre für die Kanzlergalerie sein erstes abstraktes Willy-Brandt-Porträt gemalt. Dieses stieß in Politikerkreisen und in der Öffentlichkeit auf Ablehnung. Das Gesicht Brandts wurde mit einem Neandertaler verglichen, der Kopf als Frankenstein bezeichnet und die Handgebärden als conterganhaft gedeutet. Letztendlich wurden Meistermanns Bilder aus der Kanzlergalerie gegen ein realistisch gemaltes »Postkartenporträt« ausgetauscht. Haben Sie ähnliche Erfahrungen in Ihrem künstlerischen Schaffen gemacht?*

Förster: Es ist sehr traurig, daß die hervorragende Arbeit von Georg Meistermann so verkannt wurde. Ich habe solche schlimmen Erfahrungen nicht gemacht, da ich mich nicht darauf eingelassen habe. Pressestimmen interessieren mich nicht.

Interview mit Johannes Heisig

Autor: *Was hat Sie dazu bewogen, Willy Brandt sieben Jahre nach seinem Tod zu malen?*

Heisig: Die Beschäftigung mit dem Thema Willy Brandt war ein reiner Zufall. Ausgelöst wurde die ganze Sache auf einer Ausstellungseröffnung. Da kam jemand auf mich zu und fragte mich, ob ich Willy Brandt für ihn malen würde. Er sagte, er habe nicht viel Geld, aber er würde den Mann so verehren. Ich habe erst lange gezögert, da Rainer Fetting, der mit mir in einer Galerie ausstellt, gerade seine Werke über Brandt abgeliefert hatte. Dazu kam, daß mein Vater 1986 das Helmut-Schmidt-Porträt für die Kanzlergalerie gemacht hatte. Ich wollte mich nicht in irgendwelche Wettkämpfe hineinbegeben. Dann fing mich die Biographie Brandts immer mehr an zu interessieren und ich erkannte so viele Anknüpfungspunkte und Themen, die auch mein Leben berührten. Kurzum, habe ich einfach angefangen zu malen.

Autor: *Haben Sie Willy Brandt persönlich kennengelernt?*

Heisig: Einmal bin ich ihm in Bremen begegnet, das war im Rahmen der Amtseinführung von Björn Engholm als Parteivorsitzender. Ich war damals noch Rektor der Dresdner Kunsthochschule und erhielt eine Einladung. Wir haben uns nur kurz unterhalten, aber ich konnte mir sein Gesicht sehr gut einprägen.

Autor: *Es sind eine Reihe von Brandt-Porträts von Ihnen entstanden. Wie haben Sie sich mit dem komplexen Thema auseinandergesetzt?*

Heisig: Es sind insgesamt vier Bilder entstanden. In ihnen habe ich für mich persönlich aber immer noch nicht die Person Brandt ausgeschöpft. Es gibt selten so einen Fall, wo so viel Thematisches eine Rolle spielt. Es ist wie ein Echo, das immer wieder auf mich zurückhallt. Zuerst entstand ein kleines Porträt. Es ist heute in Privatbesitz. Dann kam mein Galerist Werner Tammen dazu und sah das Bild und fragte mich, ob ich mir nicht vorstellen könnte, weitere Porträts von Brandt zu malen. Das traf sich sehr gut mit meinen Intentionen. Das Thema war für mich noch frisch, viele Eindrücke hatte ich noch nicht verarbeitet, und besonders die Gegensätze in Brandts Person waren für mich noch offen. Ich merkte, daß da noch Saft in der Batterie war, und dann habe ich einfach weitergemacht.

Ich habe versucht, so viel wie möglich über ihn zu lesen. Dazu kam, daß ich ganz persönliche Erlebnisse hatte, die sich mit meiner DDR-Biographie verbanden. Brandt war damals eine zentrale Figur für uns, es knüpften sich natürlich ganz gewaltige Hoffnungen an ihn. Es war die Zeit, in der ich anfing, politisch nachzudenken. Ich war gerade sechzehn. Die Bemühungen Brandts um die neue Ostpolitik, die Besuche in Erfurt und Kassel haben mich sehr berührt. Willy Brandt war schon eine außergewöhnliche Erscheinung mit einer besonderen Aura. Man sah den Menschen, der alle Höhen und Tiefen durchlebte. Er war eben auch jemand, der über die Figur des Politikers hinaus sich immer auch die Freiheit nahm, auf seine Art spontan zu handeln. Dies drückt sich besonders durch den Kniefall in Warschau aus. Er war schon sehr ungewöhnlich, solche Politiker gibt es heute kaum noch. Er hat es einfach gemacht und selber die Maßstäbe gesetzt! Das hat mich sehr berührt.

Autor: *Welche Vorlagen hatten Sie?*

Heisig: Die persönlichen Eindrücke habe ich mit Fotos und mit Filmmaterial ergänzt. Der Bildband von Jupp Darchinger half mir dabei. Erschwert wurde die Situation durch die Fotovorlagen. Es ist eine unangenehme Reduktion. Das habe ich jetzt wieder besonders gemerkt, als ich Egon Bahr malte. Es ist ein ganz anderes Arbeiten, wenn der Porträtierte mir gegenübersitzt.

Autor: *Wie sind Ihre Bilder entstanden? Kann man hier eine Entwicklung innerhalb der Bilder erkennen?*

Heisig: Die Bilder sind langsam entstanden, ich bin eher ein langsamer Maler. Ich habe die Bilder jedoch aus einem Guß herausgearbeitet. Dazu brauchte ich schon ein ganzes Jahr. Die Bilder sind in einer Reihe entstanden, aber nicht als Zyklus zu verstehen. Sie beantworten sich schon in gewisser Weise. Es ist eine Inszenierung verschiedener Rollen, ohne daß ich das wollte. Einerseits stellt er den unmittelbaren Gesprächspartner mit seinem Gegenüber dar, andererseits wieder als Opfer der Verschwörung. Also den Moment, wo Brandt nackt da steht. Dies drückt sich durch seine steife statuarische Körperhaltung aus, die ich bei ihm als Schutzgeste erlebt habe. Es war die Reaktion auf die Guillaume-Affäre, er fing an, sich zuzubauen. Das Porträt, das in Schröders Büro hängt, soll eher den privaten Brandt darstellen, hier kommt seine Selbstironie besonders heraus.

Autor: *Wieso haben Sie Brandt gerade im Alter dargestellt?*

Heisig: Es gibt ein paar eindrucksvolle Bilder von ihm als jungem Mann bis hin zum Regierenden Bürgermeister. Jedoch ist es für einen Maler interessanter, je mehr sich die Erfahrung im Äußeren zeigt und ausprägt. Im Alter ist es die Persönlichkeit, die über den Politiker dominiert.

Autor: *Das Augenmerk des Betrachters richtet sich auf den Kopf Brandts. War es nicht schwierig, diesen Kopf in ein Bild zu fassen?*

Heisig: Brandt zu malen war sehr schwierig, da das Porträt von Fotos entstehen mußte. Viele Fotos zeigen nicht den typischen Brandt. Das Porträt ist halt eine Summe von Fotos. Ich versuche zu begreifen, was die Form des Kopfes wirklich ausmacht, es ist ein ständiges Betrachten. Ich möchte alle Eindrücke, die ich von dem Kopf habe, ins Gleichgewicht bringen. Jede Falte um den Mund herum mußte ich mir immer wieder von allen Seiten anschauen, um die Person zu fassen. Es ist ein Medium entstanden, das ich oft erst im nachhinein beurteilen kann.

Autor: *Spiegeln die Risse und Furchen in Brandts Gesicht und das immer wieder Auftragen von transparenten Farbschichten die Verwundbarkeit, die Höhen und Tiefen in seinem Leben wider?*

Heisig: Es ist eher anders herum, Otto Dix sagte dazu, daß er am liebsten Personen porträtiere, die er gar nicht kennt. Es ist Blödsinn, in der Tiefe psychologisierend etwas zu suchen, es ist alles an der Oberfläche, man muß es bloß sehen.

Autor: *Michael Freitag schreibt, daß Sie ihre Bilder quälen, immer wieder verwerfen, die Epidermis des Bildes beschädigen. Trifft dies auch bei Ihren Brandt-Porträts zu?*

Heisig: In gewisser Weise schon. Zum Beispiel ist das Gesicht von Brandt wie eine Kraterlandschaft, auf der ich spazieren gehe. Je genauer ich mir die Person angucke, desto mehr enthüllt sich über diese Landschaften das Geheimnis, was er nur für sich rumgetragen hat. Jede Bewegung und Körperhaltung gehört dazu.

Wenn einer viel lacht, hat er ein anderes Gesicht als einer, der sich ständig Sorgen macht. Das ist für mich der Schlüssel, dem ich nachgehe.

Autor: *Wann ist ein Bild von Ihnen fertig?*

Heisig: Das Porträt in Schröders Arbeitszimmer zum Beispiel ist als letztes entstanden. Es ging viel zu schnell in das Büro des Bundeskanzlers über. Ich habe es nie mit Distanz betrachtet. Das ist eine heikle Sache. Ich habe es lieber, wenn ein Bild noch einige Wochen bei mir ist. Ich stelle es dann weg. Später sehe ich es mit anderen Augen und verändere es. Man muß es mir entreißen. Leider hatte ich diese Chance nicht, aber ich glaube trotzdem, daß es gelungen ist.

Autor: *In den fünfziger bis in die achtziger Jahre hatten es abstrakte Künstler schwer, wenn es um das Porträtieren eines Politikers ging. Die Auftraggeber und die Öffentlichkeit bevorzugten mehrheitlich ein realistisches Abbild. Es war ihnen wichtig, sich und/oder den Porträtierten repräsentativ wiederzuerkennen, sozusagen als erhöhtes Abbild und als geschöntes Zeitzeugnis. Hat sich dieses Verhalten nach Ihrer Meinung geändert, gibt es heute noch kritische Stimmen, Kompromisse oder Auflagen des Auftraggebers?*

Heisig: Das Thema ist abendfüllend. Ein Porträtist ist kein abstrakter Maler. Er muß aus dem Gegenständlichen kommen und mit dem Gegenstand arbeiten. Die Einstellung muß aus der Anschauung kommen, wenn man ein Porträt malen will. Bei Meistermann ist die Öffentlichkeit vom verkehrten Ausgangspunkt ausgegangen. Genau wie bei Oskar Kokoschka, der Konrad Adenauer gemalt hat. Aber heute wagt es niemand, einem Künstler zu widersprechen. Ich wurde in keiner Weise kritisiert. Meine Absicht war auch nicht, etwas Repräsentatives für die Öffentlichkeit zu malen. Vielleicht ist am Ende etwas Repräsentatives entstanden. Es gab keine Vorgaben, und meine Arbeit wurde in keiner Weise gelenkt.

Autor: *Die Auseinandersetzung mit einem Politikerporträt hatte Ihr Vater bereits 1986 mit dem Auftrag, ein Porträt des Altbundeskanzlers Helmut Schmidt zu malen. Wie haben Sie damals den Vorgang erlebt?*

Heisig: Ich bin Helmut Schmidt bei der Gelegenheit begegnet, wir haben uns intensiv unterhalten. Dies war sehr beeindruckend, besonders das Verhältnis Maler und Modell. Das Malen war lebendig, da Helmut Schmidt gegenübersaß.

Autor: *Sehen Sie in Ihren Porträts eine engere Beziehung zu der Malerei ihres Vaters?*

Heisig: Ganz klar, das, was ich heute als Porträtmaler bin, habe ich größtenteils bei meinem Vater gelernt, man kann es als eine etwas indirekte Verbindung bezeichnen.

Autor: *Der Bundeskanzler Gerhard Schröder hat das Bild am 6.3.2000 im Willy-Brandt-Haus in Empfang genommen. Laut Spiegel war der Bundeskanzler so beschwingt, daß er Sie in die Paris-Bar einlud. Hat Schröder sich zu Ihrem Werk geäußert?*

Heisig: Es waren gerade Wahlen in Schleswig-Holstein. Der Bundeskanzler hatte wenig Zeit. Es kam zur Übergabe, alles beschränkte sich auf zehn Minuten. Schröder lud mich dann spontan zum Mittagessen in die Paris-Bar ein. Es war eine angenehme Atmosphäre. Jedoch merkte ich ihm an, daß er sehr angespannt und beansprucht war. Zu dem Bild hat er sich nicht direkt geäußert, nur daß es ihm gefalle.

Autor: *Könnten Sie sich vorstellen, weitere Politiker, zum Beispiel den heutigen Bundeskanzler, zu porträtieren?*

Heisig: Ich bin ein Maler, der von seinen Arbeiten leben muß. Es ist natürlich eine reizvolle Aufgabe, Personen wie Gerhard Schröder, die im Mittelpunkt der Öffentlichkeit stehen, zu porträtieren. Dies bedeutet Werbung für meine Person, aber auch eine Herausforderung. Die Herausforderung besteht darin, die Geschichte der Person äußerlich sichtbar zu machen. Beispielsweise Helmut Kohl hätte ich damals nie malen wollen, heute dagegen würde es mich reizen, die Verbohrtheit seiner Person, aber auch ihn als Zeitzeugen der sogenannten »Kohl-Epoche« sichtbar zu machen. Abschließend kann ich sagen, Willy Brandt zu malen war einfach ein Glücksfall.

Dokumente

"LA COLLINE"
ST PAUL DE VENCE

Saint Paul le 11 juillet 1977

EINGEGANGEN
1 4. JULI 1977

Monsieur Willy Brandt
Bundesrat

RFA

Monsieur le Président,

    Je ne saurai vous dire combien j'ai été touché par votre télégramme de félicitations à l'occasion de mon anniversaire.

    L'appréciation que vous exprimez de mon art me rend très sensible à vos marques de sympathie.

    Avec mes remerciements les plus sincères, je vous prie de croire, Monsieur le Président, à l'assurance de mes sentiments les plus distingués.

Marc Chagall

Marc Chagall

Horst Janssen DAS PFÄNDERSPIEL

26
10
83

in

Quasi-
Verehrung
f. Willy Brandt

ob Sie's glauben
oder nicht ----
diesen Gedanken -
entweder habt JHR ihn
nicht oder JHR schluckt
ihn runter.
wohl bekomm's + ♡ JHJH

Günter Grass
Zunge zeigen

Lieber Willy,

mit guten Wünschen lege ich Dir mein jüngstes Buch auch den Geburtstagstisch

Dein Günter

Berlin, zum 18. Dezember 1988

WILLY BRANDT
PERSÖNLICHES BÜRO
5300 BONN, BUNDESHAUS

Bonn, 12. Juni 1985

ab 12/6.

An die
Fernschreibstelle
im H a u s e

Bitte nachfolgendes Telegramm am 13. Juni früh absetzen:

Jeanne-Claude Christo and Christo
48 Howard Street

New York, N.Y. 10013
U S A

All the best for the next fifty years to Jeanne-Claude and you,

Willy Brandt

Dear Dr. Brandt,
From the top of our 5th
Floor we were happy and
proud to receive your telegram.
Thank you.
Most friendly thoughts
Jeanne-Claude and Christo

WILLY BRANDT
VORSITZENDER DER SPD

OLLENHAUERSTR. 1, 5300 BONN 1
ERICH-OLLENHAUER-HAUS
TELEFON 02221/532 309

den 15. Juni 1981

Lieber Herr Meistermann,

zur Feier Ihres 70. Geburtstages kann ich leider nicht nach Nürnberg kommen. Die Grüße, die ich Ihnen auf diesem Wege übermittle, sind umso herzlicher.

Wir kennen uns nun seit vielen Jahren: flüchtig, seit wir einander in den ersten Nachkriegsjahren in Sachen „Freiheit der Kultur" begegneten, intensiver während meiner Bonner Amtsjahre. Ich habe dafür zu danken, daß Sie mir während wichtiger Jahre ein kritisch-anregender Gesprächspartner und ein großzügig-diskreter Weggefährte gewesen sind. Sie haben andere und mich teilhaben lassen an der Schwerst des Künstlers, an seinem Bemühen, hinter die Dinge zu schauen, die Wahrheit der Dinge zu präsentieren und ihnen, wo nötig, den unechten oder lügenhaften Schleier wegzuziehen, der über sie ausgebreitet wird.

Blatt 2

In Ihrem Wunsch, korrekturbedürftige Verhältnisse zu ändern, ging es Ihnen nicht immer schnell genug, und darin wusste ich mich oft mit Ihnen einig. So haben wir lernen müssen (oder bestätigt bekommen), dass der Fortschritt eine Schnecke ist. Jetzt geraten wir sogar in die Gefahr, dass finanzielle Bedrängnis die Schnecke rückwärts laufen lassen könnte.

Ich wünsche Ihnen viel Gutes, vor allem Gesundheit und weiterhin Freude an Ihrer Arbeit. Vielleicht ergibt sich ja in nicht zu ferner Zukunft auch die Möglichkeit einer neuen Begegnung?

Ihr
Willy Brandt

GEORG MEISTERMANN   KÖLN-BRAUNSFELD   5531 SCHÜLLER (EIFEL)
                                       TEL. 06597/2727

BÜRO WILLY BRANDT
Eingegangen: 5.7.87.
0 8. JULI 1987

Lieber Herr Brandt,

Sie haben mir einen Brief geschrieben, der mir viel bedeutet - zu meinem 70. Geburtstag. Ich danke Ihnen herzlich.

Es ist wahr, ich habe mich Ihnen stets verbunden gewußt. Und das ist weiterhin so. Sie waren und sind für mich, und wie ich weiß, für viele andere, eine Art Kompaß, und das hat mir bei den Portraits viele zuverlässige Eigenschaften offenbar gemacht. Ihr Verhalten in politischen Sachen hat mir tiefe Überlegungen und Reaktionen zuteil werden lassen. Und oft habe ich gewartet auf mehr Aktivität in bedenklichen Situationen. Ich habe aufgeatmet als ich Sie, vor längerer Zeit schon, hier und da von ferne sah. Sie sehen wieder gefestigt aus und das ist für viele wichtig. Und neuerdings möchte ich die Lust mitteilen, das dritte Portrait zu machen. Aber das hat ja Zeit.

Aber es ist nicht ganz richtig das ich zu ungeduldig gewesen bin. Ich weiß gut das etwa die Reformen viel Zeit nötig haben werden. Aber auf Dauer werden sie gewinnen. Was mich unruhig gemacht hat, ist der persönliche Ehrgeiz mancher neuer Mitläufer die vorgaben, vor Ihren Wagen mitzuziehen und doch nur eigene Ambitionen im Kopf haben. Leider kann ich nicht Kämpfer wenn ich selbst mit meinen Bemühungen bei eben diesen Aktiven des gleichen verdächtigt werde. So fällt mir nicht schwer diese Regionen aufzugeben. So arbeite ich an meinem Garten und bemühe mich um Bilder des Friedens.

Meine Metapher ist die Glocke: irgendwann in der Geschichte der Menschheit hat jemand "gesehen" dass man Kupfer und Zinn vereinigen kann um eine Materie "Bronze" entstehen zu lassen. Und von da an bis zur Glocke die hoch hängt und klingen und tönen kann, bis dahin wo ein anderer sie stimmt – ist einer der weiten, grossen Wege der Menschheit, den wir Kultur nennen. Nicht anders ist es mit der Sehnsucht eines Menschen nach einem neuen Klang. Von dieser Sehnsuchtsvision bis zur realen Erfindung etwa des Waldhorns – welche Wege! Und das ist der Pfad auf den ich angesetzt bin – ich kann ihm nicht entkommen.

Was mich zu Ihnen hingezogen hat war das Bewusstsein, dass Sie davon mehr wissen als alle die Politik machen – heute. Es ist mir – seit Sie das Amt des Kanzlers aufgaben – wieder, wie vorher schon – zuviel Bismarck dabei. (Dessen Biographie (von Prof. Gall) mir eines der wesentlichsten Bücher mit "Vergangenes bewältigen" zu sein scheint. Fast die gleichen Konstellationen heute! Die Reformen sind weiter gefasst!)

Aber ich verliere mich ins laienhafte Geschwätz, das nicht sein soll.

Ich erwidere Ihre Grüsse und Wünsche herzlich. Ein Wiedersehen mit Ihnen wäre mir eine sehr grosse Freude. Vielleicht dann in der Eifel – wo, aber natürlich auch an anderem Ort, ich gerne darauf warte dass Ihre kostbare Zeit es zulässt einen Termin anzukündigen.

Ihr getreuer Fritz Reichmann.

P.S. Seit Sie in Moskau waren, habe ich wieder Zuversicht auf den Frieden.

WB – Vors. der SPD   30. August 1985

Herrn
Prof. Oswald Petersen
In der Kühlwetterstraße 51

4000 Düsseldorf 1

Lieber Herr Petersen,

das Portrait, das Sie von mir gemalt haben, hat inzwischen seinen vorgesehenen Platz im Bundeskanzleramt eingenommen. Es hat mir Freude gemacht, Ihnen zu sitzen. Die Erinnerung ist im Album festgehalten, das ich Ihnen schicke.

Mit Dank und guten Wünschen für Ihre Arbeit

                                Ihr
                                gez.: Brandt

OSWALD PETERSEN   KÜHLWETTERSTR. 51
4000 DÜSSELDORF
TEL. 637897

BÜRO WILLY BRANDT
Eingegangen:
16. SEP. 1985

13.9.85

1) WB z.K.
2) RHR z.K.
3) z.Vg.

Sehr verehrter Herr Brandt

Das war wirklich eine schöne
Überraschung, als ich das Paket öffnete,
in dem ich das schöne Album fand, mit
den Aufnahmen über das Entstehen unseres
Bildes. Sie schreiben dazu, daß Sie mir
gerne gesessen haben, und ich muß Ihnen
darauf von Herzen antworten, daß ich Sie
auch sehr gerne gemalt habe und daß ich
dabei auch den Menschen Brandt kennen
lernen durfte, was mir viel Freude bereitet
hat.

Ich halte nicht sehr viel von dem
Zeitungsgerede, das sich entfacht hat.
Das Bild wurde bei mir von vielen Fachleuten
sehr anerkannt. Das waren zum Beispiel
mein großer Freund Ruhrberg, Museumsdirektor
Dr. Peters, der Sammler moderner Kunst

Viktor Langen, die Kunsthistorikerin Frau Prof. Klapheck, die bekannten Maler Gotthard Graubner, Konrad Klapheck, Siegrid Kopfermann und die junge moderne Malerin Brigitte Däumling, der moderne Maler Helfried Hagenberg und seine sehr kunstsinnige Frau, die junge Kunsthistorikerin Ingrid Skibe (die Sie – ich glaube – auch kennen) und viele mehr. Sie Alle sahen mein Bild bei mir im Atelier. Die Zeitungsleute hatten damals das Bild nie gesehen. Sie urteilten nur nach einem kleinen Foto. Ich bin der Ansicht, daß ein Portrait eine nicht abänderliche Aufgabe ist, nämlich: einen Menschen zu überliefern, so wie er sowohl äußerlich war und so, wie er als Charakter und Persönlichkeit war, sodaß man die Person in späteren Zeiten ablesen kann. Dazu muß ein Portrait natürlich künstlerisch in der Komposition und Farbe sein – und das Alles habe ich versucht. Wenn man das alles nicht anstrebt, braucht man überhaupt kein Portrait mehr zu malen. Herrn Meistermann habe ich natürlich gut verstanden. Sein Bild als Malerei ist in hohem Maße künstlerisch, in der Aufgabe des Portraits, bin ich allerdings anderer Meinung.

Mir fällt ein, daß ich mich in einem Punkte berichtigen muß. Zwei Kunstkritiker haben sich die Mühe gemacht, das Bild in meinem Atelier anzusehen. Sie haben auch beide sehr objektiv geschrieben. Das waren

Herr Riese von der Zeit und Frau Helga Meister von
der Westdeutschen Zeitung.

Dies Alles sollten nun keine Verteidigungen
sein, sondern Erklärungen Ihnen gegenüber. Sie selbst
waren ja auch über das fertige Bild sehr erfreut,
was ich gerne dankbar entgegen genommen habe.

Sehr verehrter Herr Brandt, ich wünsche
Ihnen sehr herzlich alles Gute für die Zukunft
und danke Ihnen nochmals für das schöne Album
und für Ihre freundliche Geduld beim Malen.

Ich grüße Sie sehr herzlich

Ihr

Oswald Petersen

WB – Vors. der SPD   16. Juni 1986

Herrn
Prof. Georg Meistermann
Christian-Gau-Straße 30

5000 Köln-Braunsfeld

Lieber Herr Meistermann,

zu Ihrem 75. Geburtstag gratuliere ich Ihnen sehr herzlich.

Ich wünsche Ihnen weiterhin ungebrochene Schaffenskraft, dazu vor allem Gesundheit und jene Portion Gleichmut, die Unabhängigkeit schafft. Wie nötig dies ist, mag Ihnen auch die Kontroverse in den letzten Jahren um die beiden Portraits, die Sie von mir gemalt haben, wieder vor Augen geführt haben. Bei aller Unabhängigkeit, die man zu besitzen glaubt, weiß ich, wie sehr solche Diskussionen wehtun können.

Beim Niederschreiben meines Glückwunsches ist mir deutlich geworden, wie selten unsere Begegnungen geworden sind. Ich würde mich freuen, wenn sich hierzu wieder einmal eine Gelegenheit böte.

                        Mit freundlichen Grüßen
                            gez.: Brandt

WILLY BRANDT
VORSITZENDER DER SPD

OLLENHAUERSTR. 1, 5300 BONN
ERICH-OLLENHAUER-HAUS
TELEFON 02221/532 309

den 24. Juni 1977

Lieber Herbert,

wir wären gern am Montag nach Stuttgart gekommen, um Dir zu Deinem runden Geburtstag zu gratulieren. Wegen unserer Polenreise geht das nicht. Umso herzlicher sind die Glückwünsche, die wir Dir auf diesem Weg übermitteln.

Dies soll zugleich ein aufrichtiger Dank sein: für Dein Schaffen, für Dein Engagement, vor allem aber für Deine Freundschaft und Menschlichkeit.

Als einer, der Dir an Jahren voraus ist, möchte ich hinzufügen: keine Angst vor der runden Zahl, vor den ersten fünf Jahrzehnten. Für das Gute und Schöne gibt es ganz andere Grenzen.

Rut und ich grüßen Dich sehr herzlich,

Dein

Herrn
Otto Herbert Hajek
Hasenbergsteige 65
7000 Stuttgart 7

o.h.hajek bildhauer 7 stuttgart 1 hasenbergsteige 65 telefon 0711/654635

14. Mai 1979

Lieber Willy

und wenn Du am Samstag in Stuttgart bist, würden Katja und ich uns sehr freuen, könntest Du Dich bei uns wieder einmal sehen.

Es ist schön, daß Du wieder in voller Arbeit bist, das Leben geht weiter, die Aufgaben haben kein Ende.

Beste Grüße
Dein Herbert

Quellen

Zeitzeugeninterviews

Manfred Bluth, Berlin. April 1999.
Joschka Fischer, Bundesminister des Auswärtigen. Auswärtiges Amt Bonn. Januar 1999.
Wieland Förster, Berlin. Januar 2002.
Hans-Peter Gärtner, Leiter der Pressestelle im Bundeskanzleramt Bonn. April 1999.
Otto Herbert Hajek, Bonn. Juli 1999.
Johannes Heisig, Berlin. Januar 2002.
Gabi Hollederer, Mitarbeiterin im Büro Willy Brandts von 1981–1987, Bundeskanzleramt Bonn. März 1999.
Brigitte Seebacher-Brandt, Unkel am Rhein. Mai 1999.

Willy-Brandt-Archiv im Archiv der sozialen Demokratie der Friedrich-Ebert-Stiftung

Aktengruppe: Bundeskanzler
Aktengruppe: Abgeordnetentätigkeit Deutscher Bundestag. Persönliches Büro Willy Brandt, Bundeskanzler a.D., MdB / Bundeshaus (Klaus-Henning Rosen, Büroleiter)
Aktengruppe: Publikationen Willy Brandt
Aktengruppe: Parteivorsitzender / Parteipräsidium / Parteivorstand
Persönliche Korrespondenz Willy Brandt 1968–1980
Aktengruppe: Parteivorsitzender / Parteipräsidium / Parteivorstand. Allgemeine Korrespondenz 1975
Fotoarchiv
Exponate

Abbildungsverzeichnis und Bildnachweis

1 Besuch im Atelier von Christo (Javacheff), Willy Brandt und Christo, New York 4.10.1981, aus: WBA, Fotoarchiv.
2 Besuch im Atelier von Christo (Javacheff), Willy Brandt und Christo, New York 4.10.1981, aus: WBA, Fotoarchiv.
3 Willy Brandt, Schulfoto, Johanneum, Lübeck 1923, aus: WBA, Fotoarchiv.
4 Willy Brandt, Lübeck, aus: WBA, Fotoarchiv.
5 Willy Brandt als Beobachter im Spanischen Bürgerkrieg, 1938, aus: WBA, Fotoarchiv.
6 Willy Brandt, Berlin 1958, aus: WBA, Fotoarchiv.
7 Willy Brandt, 18.1.1972, aus: WBA, Fotoarchiv.
8 Kniefall Willy Brandts am Denkmal für die im Warschauer Ghetto von Deutschen SS-Einheiten ermordeten Juden, Warschau, 7.12.1970, aus: WBA, Fotoarchiv.
9 Willy Brandt, Wahlkampf 1972, Hamburg 1972, aus: WBA, Fotoarchiv.
10 Willy Brandt, Altersporträt, aus: WBA, Fotoarchiv.
11 Ahnengalerie der Bundeskanzler, v. l.: Konrad Adenauer – Ludwig Ehrhard – Kurt Georg Kiesinger – Willy Brandt – Helmut Schmidt, Bundeskanzleramt Bonn, aus: Bundesbildstelle, Bild-Nr.: 112 428/14.
12 Hans Jürgen Kallmann, Porträt Konrad Adenauer, 1963, Öl auf Leinwand, 140 x 100 cm, Bundeskanzleramt Bonn, aus: Bundesbildstelle, Bild-Nr.: 24864/7.
13 Graham Sutherland, Porträt Konrad Adenauer, 1965, Öl auf Leinwand, 144 x 123 cm, Bundeskanzleramt Bonn, aus: Bundesbildstelle, Bild-Nr.: 119 682/6.
14 Günter Rittner, Porträt Ludwig Erhard, 1974, Öl auf Leinwand, 100 x 80 cm, Bundeskanzleramt Bonn, aus: Bundesbildstelle, Bild-Nr.: 52849/5.
15 Günter Rittner, Porträt Kurt Georg Kiesinger, 1976, Öl auf Leinwand, 110 x 90 cm, Bundeskanzleramt Bonn, aus: Bundesbildstelle, Bild-Nr.: 52849/1.
16 Georg Meistermann, Porträt Willy Brandt, 1977/1985 (überarbeitete Fassung), Öl auf Leinwand, 106 x 86 cm, Landesvertretung NRW, aus: Bundesbildstelle, Bild-Nr.: 69660/5.
17 Oswald Petersen, Porträt Willy Brandt, 1985, Öl auf Leinwand, 105 x 85 cm, Bundeskanzleramt Bonn, aus: Bundesbildstelle, Bild-Nr.: 70600/10.
18 Bernhard Heisig, Porträt Helmut Schmidt, 1986, Öl auf Leinwand, 120 x 100 cm, Bundeskanzleramt Bonn, aus: Bundesbildstelle, Bild-Nr.: 7392411.

19 Bernhard Heisig, Porträt Helmut Schmidt, 1986/88, Öl auf Leinwand, Haus der Geschichte der Bundesrepublik Deutschland, Bonn.
20 Georg Meistermann, Porträt Walter Scheel, 1976/77, Öl auf Leinwand, 114 x 90 cm, aus: Ruhrberg 1991, Nr. 632.
21 Georg Meistermann, Porträt Willy Brandt, »Farbige Notizen zur Biographie des Bundeskanzlers Brandt«, 1969–73, Öl auf Leinwand, 120 x 70 cm, aus: Ruhrberg 1991, Nr. 576.
22 Georg Meistermann vor seinem Atelier um 1973, aus: Georg Meistermann, Köln 1991, S. 32.
23 Edeltrud und Georg Meistermann mit dem Ehepaar Brandt vor dem Bundeskanzlerporträt im Kölner Atelier, 1972, aus: Georg Meistermann, Köln 1991, S. 22.
24 Willy Brandt und Georg Meistermann während der Modellsitzung im Juni 1977, aus: Rosen 1993, S. 38.
25 Georg Meistermann, Porträt Willy Brandt, 1977, Öl auf Leinwand, 106 x 86 cm, Landesvertretung NRW, aus: Bundesbildstelle, Bild-Nr.: 52849/3.
26 Willy Brandt vor seinem Porträt, 13.1.1978, aus: Rosen 1993, S. 50.
27 Willy Brandt und Helmut Schmidt bei der Übergabe des Kanzlerporträts von Georg Meistermann, 20.2.1978, aus: Rosen 1993, S. 54.
28 Peter Heckenrath, Porträt Theodor Heuss, 1968, Öl auf Leinwand, 120 x 70 cm, aus: Bonner Politikerporträts, S. 101.
29 Oswald Petersen, Porträt Willy Brandt, 1985, Öl auf Leinwand, 105 x 85 cm, Bundeskanzleramt Bonn, aus: Bundesbildstelle, Bild-Nr.: 70600/10.
30 Porträtsitzung, Walter Scheel und Günter Rittner, 1975, aus: Zeitmagazin, 28.6.1978, S. 7.
31 Harald Becker, Porträt Walter Scheel, o.J., Maße nicht bekannt, Öl auf Leinwand, aus: Zeitmagazin, 28.6.1978, S. 7.
32 Henry Kissinger vor seinem Porträt von Anthony Wills, 1979, aus: Bonner Politikerporträts, S. 36.
33 Edward Munch, Porträt Walter Rathenau, 1907, Öl auf Leinwand, ca. 140 x 70 cm, Märkisches Museum, aus: Märkisches Museum Berlin, 1993, S. 11ff.
34 Walter Muth, Porträt Karajan, o.J., Öl auf Leinwand, ca. 110 x 95 cm, Berliner Abgeordnetenhaus, Aufnahme Autor.
35 Johannes Grützke, Porträt Richard von Weizsäcker, 1992, Öl auf Leinwand, ca. 130 x 110 cm, Berliner Abgeordnetenhaus, Aufnahme Autor.
36 Helga Tiemann, Porträt Hans Reif, 1972, Öl auf Leinwand, ca. 140 x 110 cm, Berliner Abgeordnetenhaus, Aufnahme Autor.
37 Manfred Bluth, Petra S. mit Notokaktus, 1990, Öl auf Leinwand, 150 x 70 cm, aus: Bluth in der Ladengalerie, Ausstellungsbroschüre 1995.

38 Manfred Bluth, Porträt Willy Brandt, 1973, Öl auf Leinwand, 121 x 99 cm, Berliner Abgeordnetenhaus, Aufnahme Autor.
39 Willy Brandt und Manfred Bluth, 8/1973, aus: Stern, 23.8.1973, S. 5.
40 Willy Brandt, Andy Warhol und der Galerist Hermann Wünsche in der Galerie Wünsche, 18.2.1976, aus: Bonner Politikerporträts, S. 25.
41 Andy Warhol, Porträt Willy Brandt, 1976, Siebdruck / Acryl auf Leinwand (Eins von vier Porträts Willy Brandt mit Zigarette), 100 x 100 cm, Haus der Geschichte der Bundesrepublik Deutschland, Bonn.
42 Andy Warhol, Porträt Willy Brandt, 1976, Siebdruck / Acryl auf Leinwand (Willy Brandt ohne Zigarette), 100 x 100 cm (Aufnahme Autor, Ausschnitt), Friedrich-Ebert-Stiftung.
43 »Time« Magazin, Willy Brandt »Man of the Year«, Metallarbeit von George Giusti, 1970, auf: Titelseite »Time« Magazin, 4.1.1970.
44 Lambert Maria Wintersberger, Porträt Willy Brandt, 1978, Öl auf Leinwand, 130 x 105 cm, aus: Bonner Politikerporträts, S. 74.
45 C.O. Paeffgen, Porträt Willy Brandt, 1972, Acryl auf Leinwand, 150 x 100 cm, Galerie Hans Meyer Düsseldorf.
46 Willy Brandt in der Wahlnacht, 19.11.1972, aus: WBA, Fotoarchiv.
47 Otto Herbert Hajek und Willy Brandt in der Ausstellung: »O.H. Hajek – Castel Sant'Angelo« Rom, 1981, aus: Otto Herbert Hajek, 1987, S. 251.
48 Otto Herbert Hajek, Porträt Willy Brandt, 1971, Serigraphie, 70 x 80 cm, Auflage: 150, Atelier Hajek.
49 Ernst Günter Hansing, Porträt Willy Brandt, »Hommage à Willy Brandt«, 1989/93, Serigraphie aquarelliert, 76 x 57 cm, aus: Wilfred Hansemann 1997, 1997, S. 50.
50 Ernst Günter Hansing, Porträt Herbert Wehner, 1976, Öl auf Leinwand, 130 x 125 cm, Friedrich-Ebert-Stiftung Bonn, Aufnahme Autor.
51 José García Y Más, »Löwenbändiger«, 1985, Öl auf Leinwand, 200 x 250 cm, aus: Bonner Politikerporträts, S. 22–23.
52 José García Y Más, »Generationswechsel«, 1987, Öl auf Leinwand, 190 x 135 cm, aus: José García Y Más 1995, S. 24.
53 Gerhard Marcks, Bleistiftskizzen zu Brandts Kopf, undatiert, Archiv der Gerhard-Marcks-Stiftung, Bremen
54 Gerhard Marcks, Bleistiftskizze zu Brandts Kopf, undatiert Archiv der Gerhard-Marcks-Stiftung, Bremen
55 Gerhard Marcks, Porträtbüste Willy Brandt, 1971, Bronze, Höhe: ca. 45 cm, Rathaus Schöneberg, Berlin, Aufnahme Björn Helpap.
56 Andreas Paul Weber, »Das Verhängnis«, 1932/63, Lithographie, 23 x 41 cm, aus: A. Paul Weber 1995, S. 23.

57 Andreas Paul Weber, »Harte Nüsse«, 1972, Lithographie, 38,5 x 29,5 cm, aus: A. Paul Weber 1995, S. 45.
58 Unbekannt, Napoleon als Nußknacker, deutsch, 1813, Kupferstich, koloriert, 21 x 15,3 cm, aus: A. Paul Weber 1978, S. 16.
59 Willy-Brandt-Skulptur von Rainer Fetting 1996 im Atrium des Willy-Brandt-Hauses in Berlin, Bronze, Höhe: 340 cm, Aufnahme Björn Helpap.
60 Kleine Bronze Willy-Brandt von Fetting, Rathaus Schöneberg, Aufnahme Björn Helpap.
61 Detail der Willy-Brandt-Skulptur Fetting (Oberkörper), Willy-Brandt-Haus, Aufnahme Björn Helpap.
62 Detail der Willy-Brandt-Skulptur Fetting (Kopf), Willy-Brandt-Haus, Aufnahme Björn Helpap.
63 Die Entstehung der großen Willy-Brandt-Skulptur im Atelier von Rainer Fetting, 1996, Plastillin, Höhe: 340 cm, aus: Willy Brandt. Die Skulptur von Rainer Fetting, Berlin 1996.
64 Rainer Fetting, Porträt Willy Brandt, »Mann am Fenster (Willy Brandt)«, 1996, Öl auf Leinwand, 300 x 150 cm, Galerie Tammen Berlin, aus: Willy Brandt. Die Skulptur von Rainer Fetting, Berlin 1996.
65 Willy Brandt am Fenster des Erfurter Hofes, Besuch in Erfurt, 19.3.1970, aus: WBA, Fotoarchiv.
66 Rainer Fetting, Porträt Willy Brandt, »Willy«, 1996, Öl auf Leinwand, 130 x 90 cm, Schöneberger Rathaus Berlin, Aufnahme Autor.
67 Wieland Förster, Willy-Brandt-Stele, 1997, Entwurf Gips, Ausführung Bronze, Höhe: 196 cm, Friedrich-Ebert-Stiftung Berlin, Aufnahme Ilona Ripke.
68 Wieland Förster, Detail der Willy-Brandt-Stele, 1997, Entwurf Gips, Ausführung Bronze, Höhe: 196 cm, Friedrich-Ebert-Stiftung Berlin, Aufnahme Ilona Ripke.
69 Johannes Heisig, Porträt Willy Brandt, 1999, Öl auf Leinwand, Maße: 80 x 100 cm, Büro des Bundeskanzlers im Willy-Brandt-Haus in Berlin, Aufnahme Autor.
70 Johannes Heisig, Porträt Willy Brandt, 1999, Öl auf Leinwand, Maße: 70 x 50 cm, Privatbesitz, Aufnahme Galerie am Chamissoplatz.
71 Alexander A. E. Müller, Porträt Willy Brandt mit Friedenstaube, o.J., 100 x 70 cm, aus: WBA, Aufnahme Friedrich-Ebert-Stiftung.
72 Pierre Boffin, Porträt Willy Brandt, Nobelpreisträger, 1971, Öl auf Leinwand, 110 x 88 cm, aus: WBA, Aufnahme Friedrich-Ebert-Stiftung.
73 William W. Hall, Porträt Willy Brandt, Kniefall am Ghettomahnmal in Warschau, o.J., Öl auf Holz, Durchmesser: 140 cm, aus: WBA, Aufnahme Friedrich-Ebert-Stiftung.

74   Hako, Porträt Willy Brandt mit Redezettel, 1971, Öl auf Leinwand, 103 x 80 cm, aus: WBA, Aufnahme Friedrich-Ebert-Stiftung.

75   Nikolaus Sagrekow, Porträt Willy Brandt, 1973, Öl auf Leinwand, 133 x 108 cm, aus: WBA, Aufnahme Friedrich-Ebert-Stiftung.

76   Unbekannt, Porträt Willy Brandt als Cowboy, o.J., 75 x 50 cm, aus: WBA, Aufnahme Friedrich-Ebert-Stiftung.

77   Maria Berstein, Porträt Willy Brandt, 1975, Knüpfteppich, 80 x 50 cm, aus: WBA, Aufnahme Friedrich-Ebert-Stiftung.

78   Übergabe eines Knüpfteppichs an Willy Brandt von Maria Berstein, Berlin, 12/1980, aus: WBA, Fotoarchiv.

79   Monogrammist P.M., Porträt Willy Brandt, Mosaik, 63 x 48 cm, aus: WBA, Aufnahme Friedrich-Ebert-Stiftung

S. 109 Willy Brandt während der Modellsitzung am 9.5.1977, aus: Rosen 1993, S. 30.

S. 107 Willy Brandt während der Modellsitzung am Juni 1977, aus: Rosen 1993, S. 41.

S. 108 Blick in das Atelier von Georg Meistermann, 6.7.1977, aus: Rosen 1993, S. 43.

S. 125 Andy Warhol, Porträt Willy Brandt, 1976, Siebdruck / Acryl auf Leinwand (Eins von vier Porträts Willy Brandt mit Zigarette), 100 x 100 cm, Aufnahme Friedrich-Ebert-Stiftung.

S. 110 Rainer Fetting, Die kleine Willy-Brandt-Skulptur, 1996, Ton, Höhe: ca. 80 cm, aus: Willy Brandt. Die Skulptur von Rainer Fetting Berlin 1996, Abb. 32.

S. 111 Blick ins Atelier Fetting: Die kleine und große Willy-Brandt-Skulptur, aus: Willy Brandt. Die Skulptur von Rainer Fetting, Berlin 1996.

Bibliografische Information Der Deutschen Bibliothek
Die Deutsche Bibliothek verzeichnet diese Publikation
in der Deutschen Nationalbliografie;
detaillierte bibliografische Daten
sind im Internet über http://dnb.ddb.de abrufbar.

ISBN 3-8012-0328-X

Copyright © 2002 by
Verlag J.H.W. Dietz Nachf. GmbH
Dreizehnmorgenweg 24, 53175 Bonn
Lektorat: Alexander Behrens, Daniela Müller
Umschlaggestaltung: Daniela Müller
unter Verwendung eines Ausschnitts von Andy Warhol,
»Willy Brandt mit Zigarette« 1976 und Gerhard Marcks,
Bleistiftskizzen zu Willy Brandts Kopf o. J.
Layout: Petra Strauch, Bonn
Da es in einigen Fällen nicht möglich war, die Rechteinhaber
bzw. -nachfolger zweifelsfrei zu ermitteln,
bittet der Verlag, sich ggf. an ihn zu wenden.
Druck und Verarbeitung: Saarbrücker Druckerei und Verlag
Alle Rechte vorbehalten
Printed in Germany 2002

Besuchen Sie uns im Internet: www.dietz-verlag.de

Die »Berliner Ausgabe«

Mit dem Ziel, den schriftlichen Nachlass des ehemaligen Bundeskanzlers und SPD-Vorsitzenden Willy Brandt einer breiten Öffentlichkeit zugänglich zu machen, hat die Bundeskanzler-Willy-Brandt-Stiftung (Berlin) 1998 ein ehrgeiziges Projekt auf den Weg gebracht: die Edition »Willy Brandt – Berliner Ausgabe«, herausgegeben von den renommierten Professoren Helga Grebing, Gregor Schöllgen und Heinrich August Winkler. In einem Zeitraum von nur sieben Jahren, also bis 2005, sollen alle zehn geplanten Bände vorliegen. Der traditionsreiche Bonner Verlag J.H.W. Dietz Nachf. publiziert die in lockerer Folge erscheinenden Bände im Rahmen seines politik- und zeitgeschichtlichen Programms.

Die Berliner Ausgabe richtet sich in erster Linie an eine historisch-politisch interessierte Leserschaft, ohne dass der Anspruch auf wissenschaftliche Zuverlässigkeit aufgegeben wird. Die Edition gliedert sich nach zeitlichen und thematischen Gesichtspunkten. In den einzelnen Bänden werden die verschiedensten Quellen – darunter Briefe, Notizen, Interviews, Tagebuchaufzeichnungen, Redemanuskripte und Memoranden Willy Brandts – zusammengeführt. Jedem Band ist eine ausführliche und gut verständliche Einleitung als Einführung in das Thema vorangestellt. Die Bearbeiter setzen sich hierin auch kritisch mit der jeweils behandelten politischen Leistung Brandts auseinander und ordnen die edierten Quellen in ihren zeithistorischen Gesamtzusammenhang ein.

Die Berliner Ausgabe ist also nicht als bloße Dokumentensammlung konzipiert, sondern will dem Leser den Zugang zum Leben und zur Politik Willy Brandts sowie zu wesentlichen Abschnitten der Geschichte des 20. Jahrhunderts erleichtern. Sie soll zugleich Anreize für eine kritische Auseinandersetzung mit einer Periode der Zeitgeschichte liefern, die aufs Engste mit dem Namen Willy Brandts verbunden ist. Bislang unbekannte Überlieferungen aus dem Willy-Brandt-Archiv und einer Vielzahl anderer Archive im In- und Ausland vermitteln zudem neue Erkenntnisse und geben Impulse für die weitere Zeitgeschichtsforschung.

Pressestimmen:

»Das Eindrucksvolle an der Lektüre ist, dass gerade das Gesamtbild, die spröden Vorträge, die versteckten Andeutungen, die klaren Bekenntnisse wie die vagen Formeln, eine Person hinter den Worten erkennen lassen, die ein Geheimnis hat. Große Politiker haben etwas, das nicht zu enträtseln ist. (...) Brandts Kanzlerschaft dauerte bekanntlich nicht lange. Die vielen Leben, die Zerrissenheiten, Widersprüche, Inkonsequenzen, Leitlinien, das wird man erst vor Augen haben mit der kompletten Ausgabe. Aber schon die ersten beiden Bände der Berliner Ausgabe eröffnen den Blick auf das Unvergleichliche seiner Handschrift.«
– Gunter Hofmann in DIE ZEIT, Oktober 2000

»Der Mensch und Politiker Willy Brandt wird in seinen eigenen Aussagen sichtbar und erfahrbar.«
– Neue Zürcher Zeitung, Mai 2001

»Dank einer gründlichen, alles andere als staubnäsigen Editionsarbeit ist es möglich, sich auch als Durchschnittsleser ein ungemein farbiges (...) Bild von Willy Brandt zu machen, das direkt aus den Quellen stammt.«
– Kölnische Rundschau, Oktober 2001

Der Editionsplan

Jeder Band hat etwa 500 Seiten und erscheint als gebundene Ausgabe mit Schutzumschlag zu einem Preis von 27.60 €. Der Subskriptionspreis der einzelnen Bände beträgt bis zum jeweiligen Erscheinen 20.30 €.

Band 1 – lieferbar –
Hitler ist nicht Deutschland
Jugend in Lübeck – Exil in Norwegen 1928–1940
Bearbeiter: Einhart Lorenz
598 Seiten, Abb.
ISBN 3-8012-0301-8

Band 2 – lieferbar –
Zwei Vaterländer
Deutsch-Norweger im schwedischen Exil – Rückkehr nach Deutschland 1940–1947
Bearbeiter: Einhart Lorenz
424 Seiten, Abb.
ISBN 3-8012-0302-6

Band 3 – März 2004 –
Berlin bleibt frei
Politik in und für Berlin 1947–1966
Bearbeiter: Siegfried Heimann
ISBN 3-8012-0303-4

Band 4 – lieferbar –
Auf dem Weg nach vorn
Willy Brandt und die SPD 1947–1972
Bearbeiterin: Daniela Münkel
662 Seiten, Abb.
ISBN 3-8012-0304-2

Band 5 – lieferbar –
Die Partei der Freiheit
Willy Brandt und die SPD 1972–1992
Bearbeiter: Karsten Rudolph
632 Seiten, Abb.
ISBN 3-8012-0305-0

Band 6 – März 2005 –
Ein Volk der guten Nachbarn
Außen- und Deutschlandpolitik 1966–1974
Bearbeiter: Frank Fischer
ISBN 3-8012-0306-9

Band 7 – lieferbar –
Mehr Demokratie wagen
Innen- und Gesellschaftspolitik 1966–1974
Bearbeiter: Wolther von Kieseritzky
686 Seiten, Abb.
ISBN 3-8012-0307-7

Band 8 – Okt. 2005 –
Über Europa hinaus
Dritte Welt und Sozialistische Internationale
Bearbeiter: Bernd Rother, Wolfgang Schmidt
ISBN 3-8012-0308-5

Band 9 – März 2003 –
Die Entspannung unzerstörbar machen
Internationale Beziehungen und deutsche Frage 1974–1982
Bearbeiter: Frank Fischer
ISBN 3-8012-0309-3

Band 10 – Okt. 2004 –
Gemeinsame Sicherheit
Internationale Beziehungen und deutsche Frage 1982–1992
Bearbeiter: Uwe Mai
ISBN 3-8012-0310-7

Verlag J.H.W. Dietz Nachf.
Dreizehnmorgenweg 24
D - 53175 Bonn
Internet: www.dietz-verlag.de